国家社会科学基金项目阶段性研究成果（16BTY014）

黑龙江省冰雪旅游产业发展
感知、消费与效率

王玉芳　白鹤松　著

科学出版社
北京

内 容 简 介

本书以绝对优势理论、增长极理论和消费者行为学理论为指导，辨析了旅游感知、旅游消费与旅游产业效率之间的逻辑关系。感知维度上，研究了旅游者对冰雪旅游目的地形象的感知，以及冰雪旅游目的地形象与旅游者感知、满意度及行为意愿的关系；消费维度上，研究了黑龙江省冰雪旅游的消费规模、客源地特征、人口特征及旅游者的消费偏好，测量了影响旅游者消费偏好选择的主要因素；效率维度上，应用主成分分析方法和DEA评价方法，选取吉林省、辽宁省等15个典型冰雪省（区、市）与黑龙江省冰雪旅游发展效率进行比较研究，提出了黑龙江省冰雪旅游产业发展的战略选择及具体对策建议。

本书既可以作为经济与旅游管理领域的教学、科研人员及研究生的参考书籍，也可供经济与旅游管理实践部门相关人员参考阅读。

图书在版编目（CIP）数据

黑龙江省冰雪旅游产业发展：感知、消费与效率/王玉芳，白鹤松著．—北京：科学出版社，2021.11

ISBN 978-7-03-070567-9

Ⅰ．①黑…　Ⅱ．①王…　②白…　Ⅲ．①冬季—旅游业发展—研究—黑龙江省　Ⅳ．①F592.735

中国版本图书馆CIP数据核字（2021）第225016号

责任编辑：孟莹莹　程雷星／责任校对：樊雅琼
责任印制：吴兆东／封面设计：无极书装

科学出版社出版
北京东黄城根北街16号
邮政编码：100717
http://www.sciencep.com

北京九州迅驰传媒文化有限公司 印刷
科学出版社发行　各地新华书店经销
*
2021年11月第　一　版　开本：720 × 1000　1/16
2021年11月第一次印刷　印张：9 1/4
字数：202 000

定价：99.00元

（如有印装质量问题，我社负责调换）

前　言

冰雪、森林与海洋是世界旅游组织认定的三大重点旅游资源。黑龙江省拥有丰富而独特的冰雪资源，具有发展冰雪旅游产业得天独厚的比较优势。习近平总书记在参加十二届全国人大四次会议黑龙江代表团的审议时指出“绿水青山是金山银山，黑龙江的冰天雪地也是金山银山”，促进了冰雪旅游产业的大发展；“冬奥效应”也推动了冰雪旅游产业的发展。黑龙江省冰雪旅游产业已占据全省旅游产业发展的半壁江山。市场环境的变化及旅游产业发展的阶段性演进，都要求黑龙江省冰雪旅游产业的发展要摒弃过分注重资源开发的粗放型发展模式和过度依赖资源优势的低层次竞争理念，而应向高度关注市场供求与环境的变化转变。当前旅游市场的竞争更多地体现为从游客感知价值出发，基于旅游产品质量、品牌、服务、情感体验等基础上的高层次竞争。黑龙江省应在现有资源和产品优势的基础上，着力增强冰雪旅游市场的获得性优势，这有赖于游客对黑龙江省冰雪旅游的感知价值和消费水平的持续提高。同时，黑龙江省冰雪旅游产业发展应更加注重冰雪文化内涵与价值的凸显，要从以“生产”为导向的发展模式转向以“市场”为导向的发展模式。在此过程中，要特别注重受众群体的培育与壮大，要使该产业所蕴含的冰雪内在精神和意蕴得到受众群体的感知，并且能渗透到他们的生活消费中并体现出来，这是冰雪旅游产业发展的核心和内在生命力的体现。本书就是从受众群体的感知、消费及产业发展效率的维度，研究黑龙江省冰雪旅游产业的发展问题。

本书从冰雪旅游产业相关理论内涵出发，明确了问题研究及产业发展的理论基点：消费者行为学理论及绝对优势理论、增长极理论。黑龙江省具备发展冰雪旅游产业的绝对资源禀赋优势，未来必须着力增强市场获得性优势，培育更多的受众群体。冰雪旅游产业具有生态产业的特征，集聚性强、易形成产业园区，必然会成为黑龙江省区域经济发展新的增长点。同时，基于消费者行为学理论，游客的感知价值对游客的满意度及消费的行为意向都有影响。旅游感知、旅游消费与旅游产业效率之间具有一定的逻辑关系，即游客的感知价值影响游客的满意度，二者合力影响游客的消费行为意向，游客的感知价值高，能增加其旅游的满意度，从而增加游客的重游率，增加旅游企业收入，提升旅游产业的效率。

游客对冰雪旅游的感知及认同，是其消费的前提和基础。许多学者的研究也发现，旅游目的地形象是游客最直观感知和认同的重要方面，也是影响游客满意度及游后行为的重要因素。黑龙江省冰雪旅游产业在全国具有引领性，但是随着吉林省等其他省（区、市）冰雪旅游目的地形象与影响力的逐渐提升，黑龙江省冰雪旅游目的地形象及影响力正日益受到外部竞争的威胁。通过文本分析方法和描述性统计分析方法研究发现，游客对黑龙江省冰雪旅游目的地整体形象的感知认同度较高，其中，对旅游资源形象和旅游设施的感知价值较高，而对旅游环境形象和旅游服务形象的感知认同度较低。应用偏最小二乘法结构方程模型，对黑龙江省冰雪旅游目的地形象、游客感知价值、游客满意度及其行为意愿的关系进行检验后发现，黑龙江省冰雪旅游目的地形象对游客感知价值、游客满意度及行为意愿均有直接的正向影响，游客的感知价值与满意度对游客自身行为意愿也产生显著正向影响。基于此，在现有资源优势的基础上，黑龙江省应着力提升冰雪旅游目的地形象及旅游服务质量，以提高游客的感知认同度，增强市场获得性优势。

黑龙江省冰雪旅游产业的市场消费规模逐年增加，其消费者特征及消费偏好也呈现出新变化。从客源地来看，黑龙江省是中国冰雪旅游消费者的核心消费区域，其客源地基本覆盖全国，并以来自东北、华北、华东、华南地区的游客占主导，其中北京、天津、上海位居黑龙江省冰雪旅游省外客源地的前三位；从消费者性别来看，女性消费者所占比例呈现增加的态势，明显高于男性消费者；从消费者的年龄构成来看，冰雪旅游消费者呈现年轻化态势。同时，高学历和中高收入者成为冰雪旅游消费的主体。作为一种高消费的旅游产业，黑龙江省冰雪旅游消费市场还有很大的空间和潜力可以拓展。从消费者的旅游消费偏好来看，绝大多数的旅游者进行冰雪旅游的主要目的是休闲度假、放松身心，同时，认识和体验独特的冰雪文化也日益成为旅游者进行冰雪旅游的主要目的之一。以冰灯、雪雕为主的冰雪观光型旅游产品已经成为冰雪旅游者的主要消费偏好选择，这表明冰雪旅游产品的消费存在不均衡性。二元选择模型的分析结果表明，旅游者的学历、收入、对冰雪旅游的了解程度与旅游经历对旅游者的冰雪旅游消费意向选择均具有正向影响，对冰雪旅游产品的了解程度是影响消费者进行各类旅游产品选择时的首要因素，而消费者的收入与学历则成为消费者在冰雪大世界与亚布力滑雪旅游度假区的产品选择时的主要影响因素，中高收入的人群更倾向于选择冰雪大世界这类观光型旅游产品，而消费者的学历成了亚布力滑雪旅游度假区的旅游项目选择中的最显著影响因素。

目前，黑龙江省冰雪旅游产业发展效率居全国各省（区、市）之首，旅游规模和收入均呈现持续增长的态势，冰雪旅游产品的种类也越来越丰富，旅游产品中冰雪文化内容的体现也逐渐增强。尽管如此，黑龙江省冰雪旅游产业未来的发展也面临着严峻的外部竞争压力和挑战。通过与吉林、辽宁等 15 个典型冰雪省（区、市）的冰雪旅游产业发展效率的比较分析，发现所选取的全国 16

个主要省（区、市）的冰雪旅游产业整体发展效率偏低，各省（区、市）冰雪旅游产业发展效率差距较大、分化明显，只有黑龙江省、四川省和重庆市的冰雪旅游产业发展效率较高。黑龙江省冰雪旅游产业发展效率居 16 个省（区、市）之首，表明黑龙江省冰雪旅游产业在全国仍然具有绝对的竞争优势。但是近年来，内蒙古、四川、新疆以及北京、河北等省（区、市）冰雪旅游产业的快速发展及其所表现的强劲发展态势，给黑龙江省冰雪旅游产业的发展带来了较大的压力和挑战。

中国冰雪旅游产业的发展已经呈现出由原来的“黑龙江一马当先”转为全国“群雄并起”的局面，冰雪旅游产业的区域竞争格局已初步形成。黑龙江省作为中国冰雪旅游产业优势先导区的代表，在巩固已有竞争优势的基础上，应着力培养其核心竞争力和未来发展的潜力。为此，黑龙江省冰雪旅游产业发展过程中，首先需要制定科学的产业发展战略、发展模式及策略：第一，应该通过创建冰雪旅游产业园区，走产业集群化的发展之路；第二，通过打造龙头企业，实施“龙头引领+产业联动”的发展战略；第三，面向国际化的发展战略，创建世界冰雪旅游名城，将哈尔滨市打造成为世界冰雪旅游名城，建设特色冰雪小镇；第四，实施产业融合发展战略，重点打造“冰雪旅游产业与冰雪文化产业融合发展”“冰雪旅游产业与冰雪体育产业融合发展”的战略。

黑龙江省冰雪旅游产业效率的提升，需要走内涵式、集聚型的发展模式。冰雪旅游产业园区因具有产业集中度高的集约型特征以及产业关联性强、产业融合度高的技术性特征而能有效实现这一模式，并能进一步优化冰雪旅游不同景区的主导功能。本书将这一模式放大，独立成章进行分析。研究认为，按照不同产业具体门类的要素集聚特征进行冰雪旅游产业集聚，建设冰雪旅游产业园区是最容易也是成本最低的一条路径。据此认为黑龙江省应重点创建冰雪体育旅游产业园区、冰雪雕刻艺术创意旅游产业园区、冰雪民俗文化旅游产业园区和冰雪艺术文化旅游产业园区。园区整体上应实施“政府-企业-大学”三螺旋的发展模式，以及各园区协同发展的运行机制和文化与旅游深度融合的运行机制。具体而言，冰雪体育旅游产业园区可以选择企业为主导、政府和大学作为辅助的运行机制，着力打造冰雪体育运动旅游产业链；冰雪雕刻艺术创意旅游产业园区可选择“企业+大学”为主导、政府为辅助的运行机制，着力创造更丰富、更具文化创造性的冰雪雕刻艺术产品，培养更多的冰雪雕刻文化创意人才；冰雪民俗文化旅游产业园区可选择政府为主导、企业和大学为辅助的运行机制，政府应提供有力的资金、技术与政策等方面的扶持和保障，大学主要在冰雪民俗文化的继承、发扬、教育和传播等方面发挥重要作用；冰雪艺术文化旅游产业园区可以选择大学为主导、企业和政府为辅助的运行机制。

本书是作者参与的国家社会科学基金项目“我国大型滑雪旅游度假区建设的

制度环境支撑研究”（16BTY014）的阶段性研究成果，感谢国家社会科学基金项目对本书出版的资助！感谢曹博、董婉婧、曹娟娟、郭娟等几位研究生在问卷调查、资料收集、数据录入与处理、图表优化等方面给予的大量帮助，感谢哈尔滨体育学院王飞教授给予的大力支持！

与一般产业相比，对冰雪旅游产业发展问题的研究，具有一定的特殊性和地域性限制。本书选择我国冰雪旅游产业发展的最核心区域——黑龙江省，从市场的角度，重点研究了黑龙江省冰雪旅游产业发展的游客感知、消费及发展效率问题。对于感知和消费的研究，主要是基于问卷调查的数据进行研究的。调查样本选择的随机性以及被调查者的主观性，可能会影响调查数据的质量，进而可能会使研究结果产生一定的偏差，研究的结论也难免存在不足之处。未来随着后续研究的不断深化，作者期待能够不断深化对冰雪旅游产业发展的理论内容研究，以进一步发现冰雪旅游产业发展演进的内在规律及发展趋势，并努力修正本书研究中的不足。同时，也敬请广大学者不吝赐教。

作　者

2021 年 8 月

目　录

第1章 绪　　论

1.1 研究背景

冰雪同其他气候现象一样，本身是一种常见的自然气候现象，独立于人类而客观存在于自然界中。伴随着人类对自然界认识的逐渐深入，冰雪的内在价值逐步得到认可并获得逐步释放。最早，人们对冰雪内在价值的认识，仅止于一些传统的冰雪活动的体验，如滑冰、滑雪活动等，冰雪活动的产生最早源于寒地民族的生存与发展，是一项充满浪漫与刺激的古老运动。如今，滑雪早已发展成为较受欢迎的冬季休闲运动之一，其大众化程度也在不断增强。冰雪也已经作为一种宝贵的自然资源不断被开发利用，服务于人类社会经济的发展。冰雪、森林与海洋被世界旅游组织认为是未来旅游业发展的三大重点资源。基于对冰雪活动的体验，依托独特的冰雪资源，冰雪产业应运而生，成为国民经济体系中新兴而有特色的产业以及区域经济发展新的增长点，并日益受到重视。

冰雪产业是一类特殊的资源型产业，是基于对冰雪资源的开发，形成有效的市场供给、需求的产品和服务的集合，其发展受冰雪资源自然禀赋的影响而表现出较强的区域性特征，甚至可以说，冰雪产业具有某种程度上的区域自然垄断性。人类在开发利用冰雪资源、发展冰雪产业的过程中，以冰雪为内容和核心要素创造出丰富的有形与无形的冰雪物质产品与精神产品，如冰灯、雪雕等冰雪有形的艺术产品，冰雪渔猎、雪乡冰雪民俗等无形的精神产品，随着时间的演化，这些有形与无形产品的不断积累、汇集，不断创新与发展，并不断被人们所认识和消费，逐渐形成了特殊而新兴的产业形态——冰雪旅游产业。

早在 1963 年，黑龙江省省会哈尔滨市就在全国率先举办了大规模的冰灯游园会，从而开启了中国冰雪旅游的序幕。从 1985 年开始，在冰灯游园会的基础上，哈尔滨又创办了冰雪节，经过长期的建设与发展，哈尔滨冰雪节已经成为中国最有名、也最具特色的冰雪节庆活动，依托冰雪节的不断开展，黑龙江省的冰雪旅游产业也不断发展，并取得了一定的成效，黑龙江省也成为中国冰雪旅游的核心区域。近几十年来，随着全球冰雪旅游及冰雪产业的不断发展，以及改革开放以来，国内人们的收入及生活水平的不断提高，旅游已经成为中国传统家庭所进行的一项常态消费，中国的冰雪旅游产业也开始迅速发展，目前，已经形成了以东北地区为首，华北、西北、西南地区协调共进的局面。东北、华北、西北三大区域因天气寒冷，冰雪资源丰富，是发展冰雪旅游及其他冰雪产业的适宜区域，目前，这些地区的冰雪资源逐步被开发，冰雪旅游的市场规模也逐年扩大。尤其是中国东北地区（特别是黑龙江省）很早就是中国冰雪旅游产业发展的主战场。近些年来，特别是北京 2022 年冬季奥林匹克运动会（简称北京冬奥会）的成功申办，使得北京、河北、四川、新疆等地的冰雪旅游产业的内涵与影响力也不断扩展，特别是上海、深圳等冰雪资源自然禀赋很差的地区，也开始利用人工冰雪资源，纷纷发展冰雪旅游产业。这些地区冰雪旅游产业的发展呈现出后发的强劲态势。可以说，中国冰雪旅游产业的区域竞争格局已经初步形成。虽然黑龙江省冰雪旅游产业的发展已经初具规模，并取得了一定的成效，但是，黑龙江省冰雪旅游产业整体的发展潜力、发展效率及竞争力的提升，却受到目前存在的突出矛盾和问题的制约以及外部竞争的威胁。

2009 年《国务院关于加快发展旅游业的意见》中提出把旅游业培育成国民经济的战略性支柱产业和人民群众更加满意的现代服务业的要求，并明确了旅游业发展的主要任务：如优化旅游消费环境，加快旅游基础设施建设，提高旅游服务水平，丰富旅游文化内涵等。2014 年《国务院关于促进旅游业改革发展的若干意见》中提出要加快转变发展方式，更加注重文化传承创新，创新文化旅游产品，优化旅游发展环境。同时，北京市成功申办 2022 年冬奥会后，国家体育总局及有关部门相继出台了多项冰雪体育与冰雪旅游发展的政策规划，如“积极发展大众冰雪运动，实现三亿人上冰雪”的美好愿景，以及将冰雪运动作为发展重点，大力支持冰雪场馆建设，到 2020 年使冰雪产业规模达到 6000 亿元。不过，2020 年，突如其来的新型冠状病毒肺炎疫情使我国冰雪产业受到重创，市场规模也大幅度下滑，根据东方财富网前瞻产业研究院的估计，2020 年，我国冰雪产业市场规模下滑超过 20%，约为 3811 亿元。2018 年 9 月 5 日，国家体育总局公布了《“带动三亿人参与冰雪运动”实施纲要（2018～2022 年）》，提出了大力推动普及群众性冰雪运动。2018 年 9 月，习近平总书记在东北调研时指出“推进寒地冰雪经济加快发展”“保护生态和发展生态旅游相得益彰，这条路要扎实走下去”。习近平总书记关于冰雪经济系列重要论述已经成为冰雪旅游发展的行动纲领和科学指南。2019 年 3 月，中共中央办公厅、国务院办公厅印发了《关于以 2022 年北京冬奥会为契机大力发展冰雪运动的意见》，提出“推动冰雪旅游产业发展，促进冰雪产业与相关产业深度融合”。2019 年 9 月 17 日，国务院办公厅发布了《国务院办公厅关于促进全民健身和体育消费推动体育产业高质量发展的意见》，提出“支持新疆、内蒙古、东北三省等地区大力发展寒地冰雪经济”。2019 年 8 月 2 日，中国（黑龙江）自由贸易试验区获得了国家的批复，并于同年 8 月 26 日印发了《中国（黑龙江）自由贸易试验区总体方案》，方案明确规定了哈尔滨片区重点发展新一代信息技术、新材料、高端装备、生物医药等战略性新兴产业，科技、金融、文化旅游等现代服务业和寒地冰雪经济。2020 年，全国文化和旅游厅局长会议明确提出“推动冰雪旅游、邮轮旅游、自驾游发展”。

在中央和各部委相关政策措施的推动下，中国的冰雪旅游发展合力正在形成，冰雪旅游正式上升为国家战略。上述相关政策充分说明国家对旅游产业市场发展以及冰雪旅游产业发展的重视程度在不断提高，这也将为冰雪旅游产业的市场发展提供良好的政策保障。面对外部激烈的竞争以及自身内部发展的矛盾和弱势，黑龙江省冰雪旅游产业的发展需要充分利用好相关政策，同时，还要大力加强冰雪旅游产业市场的建设与发展，要重视对旅游产业市场建设的一个重要主体——旅游消费者的吸引，这是冰雪旅游产业市场建设的核心。

同时，冰雪旅游产业具有文化产业和生态产业的特点，理论而言，文化产业的效益包括文化效益与商业效益，无论何者，受众群体的培育与壮大都是产业力求拓展的核心议题，因而“市场质量”成为判断文化产业发展程度的重要指标（陈春霖，2016）。目前，中国冰雪旅游产业的发展重点大多仍以“生产”为导向，对于“市场”的研究与培育有待进一步投入与加强。以“生产”为导向的冰雪旅游产业的发展，形成了如冰灯、雪雕、滑雪场、滑冰场等丰富的冰雪文化旅游产品，这些冰雪文化旅游产品是冰雪文化的图像符号特征和外在表现，冰雪要想成为真正意义上的文化物品，并对消费者具有持久的吸引力，还应该具有文化的内在精神、情感（知觉）和意蕴，并且冰雪文化的内在精神、情感和意蕴必须能够渗透进人们的生活消费中并体现出来，这样才能真正体现冰雪文化的内在生命力，而目前这一渗透并体现的过程和结果与冰雪旅游产品的开发相比，其成效并不明显。因此，受众群体（消费者）对冰雪旅游产业及其所蕴含的文化的认同、欣赏与消费的程度和持久性，应该成为冰雪旅游产业发展及市场培育的重要内容和前提基础，这样才能持续提升冰雪旅游产业的效益和竞争优势。

世界范围内体验经济时代的到来以及冬奥会、世界大学生冬季运动会等体育赛事，都提升了冰雪产业的发展空间，2015 年北京成功申办 2022 年冬季奥运会，这一重大历史事件，必将推动中国冰雪产业的大发展。2016 年 3 月 7 日，习近平总书记在参加十二届全国人大四次会议黑龙江代表团的审议时指出“绿水青山是金山银山，黑龙江的冰天雪地也是金山银山”。将这种独特的冰雪自然资源优势真正转化为经济优势，真正变成经济发展中的“金山银山”，需要大力挖掘冰雪经济中特色鲜明、发展潜力大的产品及产业。冰雪旅游产业属于特色产业、新兴产业，如何抓住这些重要历史时机和良好的发展平台，促进冰雪旅游产业的大发展和持续发展，是理论界需要重点研究的课题。本书基于市场的视角，从消费者对冰雪旅游的感知及消费，冰雪旅游产业的发展效率等核心层面，选取黑龙江省这一典型的冰雪旅游核心区域，重点研究黑龙江省冰雪旅游产业的市场发展问题。本书的研究将对黑龙江省冰雪旅游产业的发展及竞争力的提升，提供一定的参考和借鉴，具有重要的理论与现实意义。

1.2 研究目的与意义

1.2.1 研究目的

选取黑龙江省为研究区域，围绕冰雪旅游产业市场发展的一些问题，以消费者的感知、消费及冰雪旅游产业竞争力为研究的核心问题，以绝对优势理论、增长极理论和消费者行为学理论为研究的理论基点，通过对国内外相关文献的梳理和归纳，设计问卷调查量表进行问卷调查，查阅相关的统计资料，获取研究所需的相关数据，据此，对冰雪旅游产业发展的理论内容进行规范分析，对黑龙江省冰雪旅游产业市场发展中的一些具体问题进行实证研究，以期为黑龙江省以及全国冰雪旅游产业的发展提供有益的参考和借鉴。

本书的具体研究目的如下。

（1）界定冰雪旅游产业的内涵，明确冰雪旅游产业发展的特点和本质，明确旅游感知、旅游消费与冰雪旅游产业发展效率之间的逻辑关系，为本书的研究奠定一定的理论基础。

（2）明确黑龙江省冰雪旅游目的地形象的现实状况，分析当前旅游者对黑龙江省冰雪旅游目的地形象的感知程度，基于相关的理论分析和研究假设，实证检验冰雪旅游目的地形象与游客感知、满意度及行为意愿的关系。

（3）分析目前黑龙江省冰雪旅游产业的市场消费状况，以及旅游者进行冰雪旅游消费的具体偏好选择，找出影响旅游者进行冰雪旅游消费偏好选择的主要因素。

（4）分析黑龙江省冰雪旅游产业发展的现实状况，以及产业发展中存在的主要问题，测算黑龙江省冰雪旅游产业的发展效率，分析其在全国主要省（区、市）的竞争优势。

（5）提出黑龙江省冰雪旅游产业效率提升的战略模式选择，设计黑龙江省冰雪旅游产业园区建设的基本思路、布局模式及运行机制等，以提高冰雪旅游产业发展的效率。

（6）提出促进黑龙江省冰雪旅游产业发展效率提升的具体实施策略。

1.2.2 研究意义

1. 理论意义

第一，本书的研究内容丰富了对冰雪旅游产业相关问题的理论研究。通过对国内外相关研究文献的考察，发现目前对冰雪旅游产业发展问题的研究并不多，特别是从市场的视角，研究冰雪旅游产业发展问题的成果更是不多见，对冰雪旅游产业相关问题的研究主要集中在冰雪体育运动产业和滑雪旅游等方面。本书基于市场的视角，认为旅游者是冰雪旅游产业发展的核心和关键要素，从旅游者的感知与消费的维度，重点研究冰雪旅游产业发展中消费者（受众群体）的感知、消费问题，在此基础上，分析黑龙江省冰雪旅游产业发展效率及发展战略选择等问题。本书的研究内容，在某种程度上补充和丰富了理论研究领域对冰雪旅游产业相关问题的研究，特别是对冰雪旅游产业园区建设问题的研究，将有利于丰富冰雪旅游产业体系等理论内容的研究。

第二，对冰雪旅游产业的理论内涵、本质及特点的研究，为冰雪旅游产业的发展提供理论基础。本书从理论的层面界定了冰雪旅游产业的内涵，明确了冰雪旅游产业的本质及特点，辨析了游客感知、消费与冰雪旅游产业发展效率之间的逻辑关系，提出并分析了本书研究的理论基点——绝对优势理论、增长极理论和消费者行为学理论，为黑龙江省冰雪旅游产业的发展提供了一定的理论基础。

2. 现实意义

第一，本书的研究有利于明确黑龙江省冰雪旅游产业市场发展的状况。从旅游者的感知、消费的维度分析黑龙江省冰雪旅游产业发展的品牌形象及消费状况等市场发展现状，实证分析了影响消费者感知及消费的相关因素，有利于清晰地认识黑龙江省冰雪旅游产业发展中的市场状况，为相关部门在制定冰雪旅游产业发展的政策决策时提供参考。

第二，本书的研究有利于明确黑龙江省冰雪旅游产业发展的效率及其在全国的竞争态势。通过对黑龙江省与全国其他相关省区市的冰雪旅游产业市场发展效率的比较分析，评价各省（区、市）冰雪旅游产业发展的效率及竞争状况，有利于明确黑龙江省冰雪旅游产业在全国的发展态势及未来的发展趋势，为黑龙江省冰雪旅游产业未来的可持续发展及其效率和竞争力的提升提供参考。

第三，本书的研究为黑龙江省冰雪旅游产业的发展提供了有效的思路借鉴和参考。本书对黑龙江省冰雪旅游产业园区建设的具体思路、布局模式及运行机制等内容的研究，以及为黑龙江省冰雪旅游产业的可持续发展及效率提升所提出的相关政策建议和战略模式选择等内容，将为黑龙江省冰雪旅游产业的健康、持续发展提供一定的参考和借鉴。

1.3　国内外相关研究现状与述评

近年来，随着国内外冰雪旅游的逐渐升温，冰雪旅游及冰雪旅游产业发展问题逐渐受到重视，随着冰雪旅游实践的发展，理论界对其相关问题的研究成果较丰富。国内外对冰雪旅游相关问题的研究主要集中在冰雪旅游产业、冰雪体育旅游、冰雪文化旅游、冰雪体育产业以及气候变化对冰雪旅游的影响等方面。但是目前研究的深度、广度及相关的理论研究均有待进一步加强。同时，当前的研究更多地关注冰雪旅游市场的供给侧问题，而较少关注冰雪旅游市场的需求侧问题。因此，有必要对目前的相关研究进行系统梳理和总结，以掌握目前的研究态势，预测未来的发展变化规律及未来研究的重点和方向。

1.3.1 冰雪旅游产业相关问题

受2009年第24届世界大学生冬季运动会的影响，2010年之后，国内理论界对冰雪旅游产业问题的相关研究较为集中，出现了一个研究高峰。目前对冰雪旅游产业发展的相关研究主要集中在冰雪旅游产业与其他相关冰雪产业的融合发展、冰雪旅游品牌建设与经营、冰雪体育旅游发展及冰雪资源开发等方面。冰雪旅游的开展需要深入挖掘冰雪产品的内涵，将旅游市场建设融入冰雪资源开发和冰雪产业发展进程中，从而形成特色化、差异化、具有文化内涵的冰雪旅游产业（张丽梅，2013），促进冰雪旅游产业的可持续发展。当前一些典型的冰雪旅游区域在传统的冰雪旅游产业发展的基础上，也越来越重视冰雪旅游与文化产业的融合，注重开发具有文化内涵的冰雪旅游产品，许多学者也对某些地区的冰雪旅游与冰雪文化的融合发展问题进行了研究。例如，朱凌（2015）、张欣和牟维珍（2013）分别对新疆地区和黑龙江省的冰雪旅游与冰雪文化的相融发展进行了理论研究，并提出了相应的对策。冰雪旅游产业发展过程中应该注重对冰雪旅游品牌的建立与经营，以增加对游客的吸引力，对于此问题也有学者进行了研究，如于立强等（2016）、刘文佳（2017）分别研究了吉林省冰雪旅游的品牌创建和哈尔滨市冰雪旅游的品牌经营；还有学者研究了冰雪旅游中的具体旅游项目——冰雪体育旅游问题，以及探讨冰雪旅游产业的空间结构及优化问题等（吴琼，2009）。黄明（2016a，2016b）对黑龙江省冰雪体育旅游的发展现状及资源开发问题进行了分析，并提出了相关对策。

早在1999年，由哈佛商学院出版社出版的 *The Experience Economy: Work is Theater & Every Business a Stage* 一书中，就明确提出世界正进入继农业经济、工业经济和服务经济之后的第四个人类经济发展阶段——体验经济时代（Pine and Gilmore，1999）。随着体验经济时代的到来，冰雪旅游以其较强的体验性、刺激性和参与性成为国际社会经济中发展极快的旅游项目之一。国外将冰雪旅游更多地称为“冬季旅游”（winter tourism）或者“滑雪旅游”（skiing tourism）。目前滑雪旅游成为国外冬季旅游问题研究的核心和主要方向。世界滑雪旅游业的发展主要集中在欧洲、北美、东亚及太平洋地区，非洲及南美洲也有零星分布。国外关于滑雪旅游的研究也主要集中在这些地区。国外对滑雪旅游的现有研究中，重视实地调查和个案分析，并利用相关模型进行量化分析预测。国内则将滑雪旅游作为冰雪旅游的一类进行研究，更多的文献则是从较宽的范畴对冰雪旅游问题进行研究。

1.3.2 冰雪旅游市场问题

冰雪旅游产业市场问题的相关研究主要集中在冰雪旅游市场开发、冰雪旅游市场营销、冰雪旅游市场发展状况以及冰雪旅游市场竞争力等问题上。基于多方利益相关者的视角，Needham 和 Rollins（2005）分析了加拿大惠斯勒山滑雪旅游区夏季旅游市场开发方向，Zemla（2008）研究了波兰竞争性滑雪旅游市场开发合作关系的建立，张永安和苏黎（2004）分析了广东省冰雪旅游市场开发的优势、劣势、机会和威胁；徐亿军和高建军（2013）、陈曦（2011）对哈尔滨市及黑龙江省的冰雪旅游产业客源市场状况及客源市场开发问题进行了分析；王玲（2007）、甘静（2009）分别分析了内蒙古自治区和吉林省的冰雪旅游市场开发问题。旅游市场开发后，必须要进行广泛的宣传推广，才能获得市场上潜在的消费者。早在1978 年，Etzel 和 Parent 就开始研究滑雪旅游产业发展的广告宣传策略，之后很多学者关注此问题。曹继宏（2006）研究了中国滑雪旅游目的地市场营销策略问题，Flagestad 和 Hope（2001）从可持续价值创造的视角，研究了冬季体育运动旅游目的地的市场营销策略问题。随着国内外滑雪运动的广泛发展及冰雪旅游规模的不断扩大，冰雪旅游产业市场发展状况及竞争力问题也越来越成为诸多学者研究的焦点。Sainaghi（2008）研究了冬季冰雪旅游目的地的战略定位和效应，认为对长期停留的消费者的清晰市场定位能够提高滑雪企业和旅游接待行业的竞争能力。Yang 等（2017）研究了中国冰雪旅游目的地适宜性的空间差异问题，认为中国东北地区是中国最适宜发展冰雪旅游的核心区域，其具有很好的资源条件和未来发展的较大潜力。吴必虎和党宁（2004）从年龄、教育、收入三个维度测算了中国 31 个省（区、市）的滑雪旅游市场潜力与需求的主要影响因素。研究结果表明，影响滑雪旅游市场需求的因素远不止年龄、教育及收入水平，其市场需求及潜力还受人口结构变化、生活消费水平的变化、闲暇时间量及其分布、消费者消费偏好的变化、旅游目的地的服务质量等多种因素的影响。还有学者对滑雪旅游目的地的市场竞争力及其构成要素进行了研究（柴寿升等，2009）。Hallmann 等（2012）通过问卷调查方法定量分析了冬季运动旅游的供应者竞争意识。姜沣珊和贺小荣（2016）基于游客体验的视角，研究了哈尔滨市冰雪旅游的市场吸引力问题。

1.3.3 冰雪旅游产业发展及振兴

20 世纪 90 年代开始，欧美冰雪旅游开始出现市场需求缩减和收入盈利能力下降的趋势，据此，许多学者开始研究冰雪旅游产业发展及振兴等问题。以加拿大滑雪旅游产业为研究对象，Williams 和 Fidgeon（2000）提出了开发新市场并建立适当的产品开发战略可以吸引新的滑雪运动消费群，使滑雪旅游产业继续保持繁荣。北美和欧洲滑雪公司的年度报告表明，冬季运动旅游目的地面临着萧条的市场及环境敏感山区和谷地环境管理的挑战。冬季运动旅游目的地的生存和发展需要在符合世界贸易组织（World Trade Organization，WTO ）制定的可持续发展旅游准则的基础上创造新的竞争优势，以促进滑雪旅游产业的发展（Flagestad and Hope，2001）。国内对冰雪旅游产业发展及产业振兴问题的研究主要集中在滑雪旅游产业发展态势与滑雪旅游产业发展演进（孙宏伟，2006；张德成，1998）、滑雪旅游产业市场发展的软环境建设（司尚泰，2013）、滑雪旅游产业的可持续发展（黄卉，2012）以及冰雪旅游产业竞争力提升策略（王佳媛等，2017）、滑雪旅游产业的集聚发展模式（张成刚等，2010）及其连带效应和滑雪旅游产业发展优势问题（房英杰等，2011）、具体地区的滑雪旅游产业的发展问题（王豫东，2011；王立国，2010）、冰雪旅游产业发展现状及发展政策（吕博和张博，2017；尹媛媛，2017）等方面。

1.3.4 冰雪旅游者的旅游动机与习惯

旅游消费者是冰雪旅游产业发展中的重要因素，目前对冰雪旅游消费及旅游消费意愿等相关问题的研究并不多，现有的研究主要集中于冰雪旅游者的旅游动机、旅游习惯及冰雪旅游者的行为特征等问题。例如，Richards（1996）选取英国滑雪市场为研究地域，从“习惯性消费”的角度对冰雪旅游消费者进行旅游动机分析。通过一种新的模型，Gilbert 和 Hudson（2000）检验了滑雪旅游参与者和非参与者的具体影响因素。李曼等（2013）以吉林长春净月潭为例，研究了来长春净月潭进行冰雪旅游的旅游者的行为特征；张瑞林和李凌（2017）研究了冰雪体育旅游消费者的行为与其体验模式的影响因素；王恒利和周文静（2017）基于期望理论，研究了冰雪体育旅游消费中消费者的行为动机等问题。国内外的相关研究中对冰雪旅游产业发展中旅游消费者对冰雪旅游的感知，特别是感知冰雪旅游中独特的冰雪文化、感知冰雪旅游目的地品牌形象等方面的研究很少。

1.3.5 冰雪旅游产业的环境影响

随着冰雪旅游产业的发展，其对环境的影响开始引起学者的关注。冬季滑雪旅游产业对美国新墨西哥州陶斯市里奥格兰德河流域生态的长期影响尚不确定，但是滑雪旅游产业的不断增长对该地区中的社区资源和灌溉农业却产生了一定的威胁（Rodriguez，1987）。同时，也有一些研究已经确定，滑雪旅游产业的发展对旅游目的地的生物生存环境造成了一定的影响，如高山滑雪对苏格兰肯哥姆岩雷鸟生存环境产生了破坏性影响（Watson and Moss，2004），高山滑雪对阿尔卑斯山地区鸟的生存环境也产生了影响（Caprio et al.，2011），冬季滑雪旅游也造成了蜥蜴生活习性的改变（Amo et al.，2007）等。国内目前尚未对冰雪旅游产业的发展对地区环境影响问题展开广泛的研究。

作为一类资源型产业和生态型产业，冰雪旅游产业不仅影响当地的生态环境，而且冰雪本身是一种常见的自然气候现象的这一特点，也使得冰雪旅游产业在发展过程中本身也极易受气候环境变化的影响，特别是当前的全球气候变暖，对冰雪旅游产业的可持续发展带来了严峻的威胁和挑战。气候变化对冰雪旅游产业发展带来哪些影响，冰雪旅游产业如何适应气候变化、规避气候风险，并调整或改变旅游需求的策略等问题，近些年得到了广泛的研究。杨建明和万春燕（2010）、Burakowski 和 Magnusson（2012）分析了全球气候变化对中国和美国冬季冰雪旅游产业发展的影响，Gonseth（2013）分别在气候变化的时代背景下，分析了雪量的变化对瑞士冬季冰雪旅游产业发展的影响，Balbi 等（2013）基于利益主体的空间模型，选择 8 个不同类型的主体，评估了欧洲阿尔卑斯山区冬季冰雪旅游适应气候变化以及改变冰雪旅游市场需求的具体策略。Falk（2008）选取奥地利 28 个滑雪目的地的动态面板数据，测算后发现，气候变量对滑雪旅游产业发展的相关要素的影响很小，同时，他的研究还发现国内旅游者对气候变化的敏感性要高于国外旅游者。Landauer 等（2013）从奥地利和芬兰跨国滑雪者的行为选择角度，研究了不同文化背景下，冰雪旅游者对气候变化的适应策略。Dawson 和 Scott（2013）、Hopkins（2014）认为，滑雪旅游产业市场、滑雪旅游产业部门、社区和个人等相关利益者应该参与到滑雪旅游产业部门应对气候变化的多端风险管理中来，以促进滑雪旅游产业更好地应对气候变化，调整发展战略，促进滑雪旅游产业的持续发展。

1.3.6 冰雪旅游经济效应

作为一种新兴产业，冰雪旅游产业的发展对区域经济发展的贡献和作用越来越明显，许多学者也从不同角度对此问题进行了研究。例如，以美国俄勒冈州为例，Wikler（1988）研究了1984～1985年俄勒冈州滑雪旅游产业对该地区经济发展的影响；以西班牙比利牛斯山滑雪旅游产业为例，Lasanta等（2007）研究了滑雪旅游目的地对地中海山区经济均衡发展的作用。还有学者研究了冰雪旅游产业以及滑雪旅游产业对国民经济和社会发展的作用，如孙丽波（2011）研究了冰雪旅游产业对促进东北地区老工业基地经济振兴的作用，杨晶晶（2010）研究了滑雪旅游对县域经济发展的影响，张娜（2012）从冰雪旅游产业与经济增长的关系角度评价冰雪旅游产业对东北地区的综合经济带动作用，并从产业关联效应的角度，测算了东北地区冰雪旅游产业的关联度，定位了冰雪旅游产业对东北地区各相关产业的带动力等。

1.3.7　冰雪体育旅游产业相关问题

冰雪旅游产业是一项多业融合的复合型产业体系，冰雪体育旅游产业是该产业体系中的重要一项产业。冰雪体育旅游产业是冰雪旅游产业与体育产业融合发展而成的。可以说，冰雪旅游最初起源于冰雪体育运动，冰雪旅游体育产业是冰雪体育旅游产业发展的基础和核心，属于一种真正的体验式、参与式的旅游方式。

国外没有“冰雪体育产业”的提法，相关研究主要集中在两个方向：一个是分析冬季运动的相关问题，特别是冬季滑雪运动问题，该问题得到了广泛的关注和研究；另一个是关于大型冰雪体育赛事对举办地社会经济发展的影响问题的研究。对冬季运动的研究又集中在分析冬季运动的安全及其对举办地的影响等相关问题上（Federolf and Strangwood，2013）。很多学者都是以冬奥会运动赛事为焦点进行大型冰雪体育赛事相关问题的研究。例如，在气候变化的背景下，冬季奥林匹克运动项目的未来发展趋势以及冬奥会举办地应对气候变化风险等问题受到了一些学者的关注和研究（Rutty et al.，2014；Scott et al.，2014）。国内学者对冰雪体育产业相关问题的研究较多，大多探讨冰雪体育产业的发展模式、发展策略及发展政策、集群化发展及其对区域经济发展的影响、冰雪体育人才的培养、冰雪体育产业链结构、冰雪体育经济效益等（姜藤野，2012；张新华，2010），存在研究内容重复的现象。

北京成功申办2022年冬季奥林匹克运动会极大地促进了中国冰雪体育旅游产业的快速发展，国内对冰雪体育旅游产业发展相关问题的研究近几年呈现快速增加的趋势。国外对冰雪体育旅游的相关研究重点是滑雪旅游产业的发展问题，对滑雪旅游产业的市场开发、滑雪旅游目的地的市场营销以及滑雪旅游者的旅游动机及旅游习惯等相关问题的研究，在前面相关内容的综述中已经进行了分析，这里不再赘述。国内对冰雪体育旅游产业相关问题的研究范畴较国外宽泛，包括滑雪、滑冰、雪地足球、雪地摩托等一系列的冰雪体育运动或冰雪体育活动。国内对冰雪体育旅游的相关研究多集中于冰雪体育旅游产业的市场定位问题（曹亚东等，2013），冰雪体育旅游产业发展现状、发展的影响因素及发展的对策建议（孟凡伟等，2017；张志哲，2016；吴宝宏和翟明书，2014），冰雪体育旅游资源及其开发（杨东明等，2014），冰雪体育旅游产业化及产业集群发展问题（李长柱和张大春，2017；鞠明海，2015），冰雪体育旅游产业发展对地区经济发展的影响（王明强，2013），冰雪体育旅游产业发展效益（李传庆，2013）等。此外，对冰雪体育旅游产业的产品开发以及冰雪体育旅游产业的管理与营销等问题也有一些相关研究（王丰秋和范爱玲，2015）。

我国阿勒泰地区汗德尕特蒙古族乡敦德布拉克洞穴彩绘岩画上，曾发现绘有人类滑雪姿态的图案，经权威部门鉴定，此岩画距今大约10000年，因此，新疆阿勒泰地区被认为是人类滑雪运动的发源地（王清海，2006），这也说明中国冰雪体育运动具有悠久的历史。2022年北京冬奥会的成功申办，为中国冰雪体育产业的发展带来了新的时代优势及快速发展的机遇，中国冰雪体育产业应该借此优势和机会进行创新发展，由单纯的竞技体育活动走向冰雪体育旅游、休闲体验与大众冰雪运动和冰雪体育竞技融合发展的道路，这方面的问题也开始受到许多学者的关注，冰雪体育文化产业链的培育及发展现状（石晶，2015；姚小林，2015）、冰雪体育产业结构及优化（李博等，2016）等问题得到研究。

1.3.8 冰雪文化旅游产业相关问题

冰雪文化旅游产业是冰雪旅游产业与冰雪文化产业融合发展而成的，冰雪文化已经越来越成为冰雪文化旅游产业的核心要素，且日益受到重视。随着冰雪旅游产业的深入发展，以及近年来社会文化的大发展、大繁荣，都带动和促进了冰雪产业中文化产业的建设与发展。由此，众多学者将研究的焦点也转向了对冰雪文化产业建设与发展问题的研究上，而这些相关的研究又主要集中在国内。

冰雪文化是冰雪地区的人们依托冰雪自然资源，在长期生产生活中逐渐形成的一些独特的生产生活方式，以及相应的精神文化、民俗文化形态等，表现出较强的区域性、独特性及生态性。冰雪文化的产生有其独特的物质基础、环境基础和客观基础。王清海（2011）在《冰雪文化学》一书中，对冰雪文化的产生、发展等问题进行了较系统的研究，界定了冰雪文化的内涵，分析了冰雪文化的具体类别、特征及发展历史，并具体分析了冰雪文化活动中的冰雪文学、冰雪体育、冰雪艺术、冰雪旅游、冰雪经贸等具体的文化活动，同时，对世界和中国的冰雪民俗文化进行了比较分析。但是该研究的理论深度不够，对冰雪文化相关内容的研究仅止于对相关实践现象的介绍，没有对冰雪文化及冰雪文化产业的发展进行系统深入的理论研究。

作为一类典型的资源型文化产业，冰雪文化产业的集群化发展、生态化发展等问题受到了众多学者的关注（王凯宏，2013；曹士云，2009）。此外，冰雪文化产业的开发（张艳，2013）、冰雪文化产业空间结构体系构建（郑永梅，2011）及冰雪文化产业的细分，如冰雪文化旅游产业和冰雪体育文化产业等相关也受到了理论界的关注和研究（王诚民，2013）。张春艳等（2008）就如何在旅游资源开发中塑造冰雪旅游文化以及如何开展冰雪旅游文化评价进行了探讨；杨斌（2013）对东北地区冰雪文化旅游代表性城市的冰雪文化旅游竞争力问题进行了分析和测算；马魏成等（2014）探讨了冰雪民俗文化的内涵，分析了世界冰雪民俗文化旅游的现状、冰雪民俗文化旅游资源的种类和特征，并提出了冰雪民俗文化旅游资源开发应遵循的原则和采取的措施。

1.4　冰雪旅游产业发展研究文献述评

冰雪旅游产业是一类集传统与新兴元素于一身的特殊产业。与国内相比，国外对冰雪旅游产业相关问题的研究，不仅研究的视角多样、内容多样，同时，在研究方法上也更趋于科学性和先进性。例如，将地理信息系统（geographic information system，GIS）模型应用到美国落基山脉地区的矿山和牧场居民点中去识别最适合滑雪旅游发展的区域（Silberman and Rees，2010）；将金融衍生品的理论和思想，应用到对奥地利滑雪从业者的调查中，研究冬季旅游产业的气候衍生产品（一种新型的金融产品，用它可以应对气候状况的负面变动所导致的金融损失）产生的动机及影响因素（Bank and Wiesner，2011）；还有学者应用现代计量经济学的先进方法和技术，探讨奥地利滑雪旅游目的地过夜游客数量与积雪深度的相关性（Falk，2010）。而国内对冰雪旅游产业发展问题的研究，早期更多的是定性分析、描述性分析或案例性的分析，很少应用先进的方法和技术开展研究。近些年才逐步呈现出数理分析的发展趋势，如应用层次分析方法分析黑龙江省冰雪旅游产业的开发战略（徐淑梅等，2008）；应用季节性差分自回归滑动平均（seasonal auto-regressive integrated moving average，SARIMA）模型预测黑龙江省冰雪旅游产业发展的国际需求（张娜和佟连军，2012）等。

与国外集中于滑雪旅游产业的研究相比，国内更多的研究集中于对宽泛意义上的冰雪旅游产业相关问题的研究上，涵盖的范围更广。研究更多地集中在冰雪旅游资源的介绍、冰雪旅游资源开发利用与整合、冰雪旅游资源价值的形成及实现（陈明秀，2006）、冰雪体育旅游产业的发展及竞争力等方面（徐晓琼，2013；徐莹等，2012）。此外，近年来，还有学者研究冰雪旅游产业的发展效率及产业竞争力（杨春梅和赵宝福，2014；龙耀强，2008）、冰雪旅游目的地的引力模型构建及引力因素的设定（任桐，2012）、冰雪旅游产业集群以及冰雪旅游产业可持续发展等问题。

纵观国内外的相关研究，国外对冰雪旅游产业的界定范围相对较窄，绝大多数的研究集中在冰雪旅游产业中的一部分——滑雪旅游产业上，注重滑雪旅游产业发展与环境的互动关系、滑雪旅游市场发展、滑雪旅游者的意愿以及滑雪旅游产业发展对地区经济发展的影响等问题。在研究方法上，更注重实地调查和个案研究，同时辅以计量经济和数理统计等科学的研究方法。国内对冰雪旅游产业的界定则非常宽泛，但研究成果整体表现出研究内容的高度重复性，研究方法以定性描述为主，缺乏具体的定量或实证性分析，也缺乏研究的理论深度。同时，国内和国外的相关研究中，缺乏对冰雪旅游产业发展的市场问题的研究，更多的研究集中在滑雪旅游产业市场营销策略、滑雪旅游目的地市场开发定位、滑雪旅游者的旅游动机及习惯等问题上，缺乏消费者对冰雪旅游产业的感知及消费等旅游市场需求侧等相关问题的研究。未来，关于冰雪旅游产业的市场建设与发展问题、冰雪旅游产业体系及产业结构问题、冰雪旅游产业集群化发展（产业园区建设）问题以及资源约束与生态可持续发展下的冰雪旅游产业发展边界的控制等问题，都有可能成为冰雪旅游产业发展研究中的一些新方向。

本书主要基于市场视角，并将研究的核心落在冰雪旅游产业市场的重要主体——冰雪旅游消费者上，研究消费者对冰雪旅游产业的感知、消费及偏好等问题，在此基础上，研究冰雪旅游产业园区建设及产业发展效率问题，并提出促进冰雪旅游产业持续发展的战略模式及有效对策。本书的研究内容对促进黑龙江省以及我国冰雪旅游产业市场建设，以及冰雪旅游产业自身的效率提升及其持续健康发展具有一定的理论与实践价值。

1.5 研究的地域范围

本书研究的地域范围限定在黑龙江省。黑龙江省位于中国最东北部，中国国土的最北端与最东端均位于该省境内，是中国纬度最高、经度最东的省份，西起

121°11′E，东至 135°05′E，南起 43°25′N，北至 53°33′N，南北跨 10 个纬度，2 个热量带；东西跨 14 个经度，3 个湿润区。全省土地总面积为 47.3 万 km^2（含加格达奇区和松岭区）。北部和东部与俄罗斯隔江相望。黑龙江省的气候为温带大陆性季风气候，全省年平均气温在−5～5℃。以月平均温度低于 10℃为冬季计算，其冬季可长达 7 个月的时间，平均温度在 0℃以下的时间也可持续 5 个月之久。最冷的月份，平均气温在−20℃以下。冬季各地季节性冻土最大厚度在 2m 以上，河流结冰厚度也在 1m 以上，北部可达 2m 厚，积雪厚度平均在 40cm 以上，且积雪、冻土、结冰的时间大多长达 6 个月之久。可见，黑龙江省的冰雪资源环境具有冰坚雪厚、持续时间长的特点，与同纬度的其他地区相比，典型而又独特的冰雪资源环境，对该区域冰雪文化与冰雪活动的形成及塑造产生了深刻而又独特的影响。

黑龙江省冰雪旅游产业的发展有较长的历史和雄厚的发展基础。据相关资料记载，早在 1963 年，黑龙江省哈尔滨市就在全国率先举行了大规模、有组织的制作和展出冰灯活动。1985 年，哈尔滨市创办了冰雪节，后更名为“中国 • 哈尔滨国际冰雪节”，成为中国历史上第一个以冰雪活动为内容的区域性节庆活动，并与日本札幌冰雪节、加拿大魁北克冬季狂欢节和挪威奥斯陆滑雪节并称为“世界四大冰雪节”，在国际上享有较高的声誉。有学者认为，黑龙江省是中国冰雪旅游产业的诞生地。基于此，选择对黑龙江省冰雪旅游产业的发展问题进行研究，具有典型性和代表性。

1.6 研究的主要内容

本书基于冰雪旅游受众群体的视角，重点研究受众群体（即冰雪旅游消费者）对冰雪旅游产业的感知、消费及产业发展效率等问题，研究的主要内容如下。

第一部分，包括第 1 章和第 2 章，明确本书研究的背景、研究的视角以及研究的核心问题；阐明冰雪旅游产业的相关理论内涵与本质，分析本书研究的现实基点和理论基点，分析旅游感知、旅游消费与旅游产业效率之间的逻辑关系，为本书后面内容的研究奠定理论基础。

第二部分，包括第 3 章，基于感知的维度，分析黑龙江省冰雪旅游产业的发展，尤其是冰雪旅游目的地的建设问题。从黑龙江省冰雪旅游目的地的形象现状出发，首先采用文本分析方法和问卷调查方法，分析冰雪旅游消费者（游客）对黑龙江省冰雪旅游目的地形象的感知状况和感知程度，其次应用结构方程模型方法，基于问卷调查的数据和相关的理论假设，实证检验冰雪旅游目的地形象、游客感知价值、游客旅游满意度及行为意愿的关系。

第三部分，包括第 4 章，基于消费的维度，分析黑龙江省冰雪旅游产业的发展，重点分析黑龙江省冰雪旅游市场的消费问题。基于问卷调查的数据和相关部门的统计数据，从冰雪旅游消费规模、消费者人口特征、旅游市场客源地特征等方面，分析黑龙江省冰雪旅游消费的基本状况，并重点分析旅游者的旅游消费偏好，测量旅游者的冰雪旅游消费偏好的差异，并分析产生差异的主要影响因素。

第四部分，包括第 5 章，基于中国及黑龙江省冰雪旅游产业发展的现状和发展趋势，测算黑龙江省冰雪旅游产业发展的效率及其在全国的竞争态势。本书主要选取黑龙江、吉林、辽宁、内蒙古、北京、河北、山东、山西、四川、新疆、湖南、重庆、甘肃、天津、河南、陕西 16 个典型冰雪省（区、市），基于相关统计数据，应用比较分析方法和主成分分析（principal component analysis，PCA）法与数据包络分析（data envelopment analysis，DEA）法，评价这 16 个省（区、市）的冰雪旅游产业发展效率，通过比较分析，明确黑龙江省冰雪旅游产业的整体发展态势及发展效率，为后文的研究奠定基础。

第五部分，包括第 6 章和第 7 章，提出促进黑龙江省冰雪旅游产业发展及效率提升的战略模式选择，并将其中的集群化发展战略放大，单独作为一章进行分析。未来，黑龙江省冰雪旅游产业的发展，必须不断完善并提高管理水平，加强技术创新，扩展产业发展的内涵，由粗放型发展转向集约型发展，而冰雪旅游产业园区的建设，因其具有产业集中度高的集约型特征，以及产业关联性强、产业融合度高的技术性特征而能有效实现上述目标。同时，还具体探讨了黑龙江省冰雪旅游产业园区建设的模式及运行机制。

第六部分，包括第 8 章，提出促进黑龙江省冰雪旅游产业发展及效率提升的具体策略和对策建议。基于前述的研究结论与分析结果，提出促进黑龙江省冰雪旅游产业发展及效率提升的策略选择和产业发展的具体对策建议。

1.7 研究方法及技术路线

1.7.1 主要研究方法

本书采用的主要研究方法如下。

（1）问卷调查法。设计问卷调查量表，选取黑龙江省省会，也是我国著名的冰雪旅游名城——哈尔滨市，对来此地旅游的游客进行随机抽样调查，获取感知和消费的相关数据，研究消费者对冰雪旅游消费的感知、冰雪旅游消费的偏好及影响旅游消费偏好决策的相关因素等问题。

（2）文本分析法。选取与黑龙江省冰雪旅游相关的博客文本，应用文本分析的方法，使用词频分析软件——ROSTCM 6 软件，对这些博客文本进行处理，研究游客对黑龙江省冰雪旅游目的地形象的感知状态。

（3）结构方程模型法。在经济、市场、管理等社会科学的研究领域中，经常需要处理多个原因、多个结果的关系，或者处理一些不可直接观测的变量（潜变量），传统的统计学方法在处理这些问题时，显现出明显的不足。而在 20 世纪 80 年代开始迅速发展起来的结构方程模型（structural equation model，SEM）方法，则弥补了传统统计学方法在这些方面的不足，成为多元数据分析的重要工具。基于问卷调查所获取的相关数据，本书应用偏最小二乘法结构方程模型，检验黑龙江省冰雪旅游目的地形象、游客感知价值、游客满意度及行为意愿之间的关系。

（4）数据包络分析法。选取全国部分典型的冰雪省区市或地区，基于相关的统计数据，应用数据包络分析方法，研究黑龙江省与国内部分冰雪省（区、市）的冰雪旅游产业的发展效率，通过比较分析，明确黑龙江省冰雪旅游产业的发展效率及其在全国的地位和竞争态势。

（5）规范分析法。规范分析解决“应该是什么”的问题，是在一定的价值判断标准下，对未来提出政策建议或进行预测。在研究游客对冰雪旅游目的地形象感知及其与游客满意度和行为意愿的关系时，应用规范分析方法，提出相关的理论假设，并基于实证检验的结果，提出冰雪旅游产业发展的相关政策建议。

1.7.2 研究的技术路线

本书基于现实的一些重要背景，以绝对优势理论、增长极理论、消费者行为学理论为研究的理论基础，以旅游感知、旅游消费与旅游产业效率之间的逻辑关系为主线，首先，应用文本分析方法和问卷调查方法，研究了旅游消费者的旅游感知现状，并对旅游消费者的旅游感知及其与满意度、行为意愿的关系进行了实证分析与检验。其次，分析了旅游消费者的冰雪旅游消费现状及消费偏好，并对影响消费者冰雪旅游消费偏好的因素进行了实证分析。然后，应用数据包络分析方法，评价了黑龙江省冰雪旅游产业发展效率。最后，基于上述的分析结果及国内外的发展状况，提出了促进黑龙江省冰雪旅游产业发展效率提升的战略路径及具体的策略。

本书研究的思路及技术路线如图 1-1 所示。

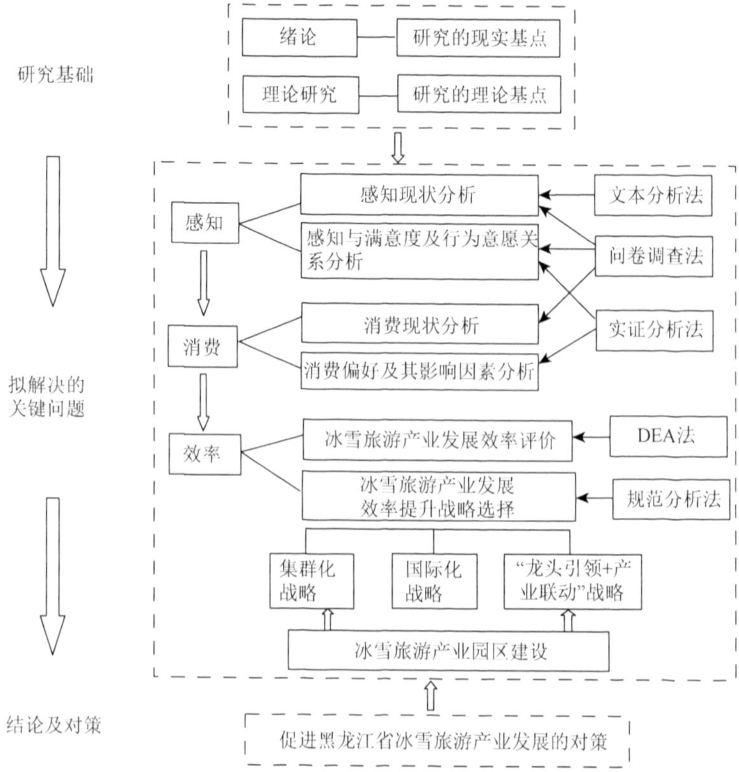

图 1-1　研究的思路及技术路线图

第 2 章　黑龙江省冰雪旅游产业发展的理论研究

任何实践研究活动都离不开理论的指导。冰雪旅游产业作为旅游业中的新兴产业，同时也是一个资源型特色产业，在其全面发展过程中，需要挖掘其内在的理论内涵及本质，也需要用科学的理论来指导具体的实践运行，使其能健康平稳发展。

2.1　基 本 概 念

2.1.1　旅游感知

体验经济时代的到来，以及人们因生活水平的提高而对旅游需求的日益增长，使各种类型的旅游资源不断被开发利用，以满足旅游者日益丰富的旅游需求，旅游者的旅游消费选择也越来越多样化，各个旅游目的地之间在争夺旅游者的竞争上呈现出不断升级的态势。如何最大限度地吸引旅游者，增强该地区旅游产业的市场获得性优势，已经成为各个旅游目的地在旅游产业发展中的重要内容。同时，体验经济与服务经济的特点以及旅游市场上竞争手段的不断升级，使得游客感知价值的高低也成为判别各地旅游产业竞争力高低的新标准。旅游感知作为旅游者选择旅游目的地的关键因素，在很大程度上影响着游客的重游率和市场的吸引力。在旅游消费行为理论中，旅游感知是影响旅游者做出旅游目的地选择及旅游消费行为的重要因素，Echtner 和 Ritchie（2003）、Woodside 和 Lysonski（1989）等学者的研究中，也特别强调了旅游目的地形象在旅游者旅游消费决策及旅游消费偏好选择中的重要性。

美国学者 Gunn（1988）把旅游者或潜在旅游者通过各种途径形成的对旅游目的地的旅游感知形象概括为“原生形象”和“诱导形象”两个层次。“原生形象”是还未到旅游目的地之前通过各种媒介宣传产生的旅游感知形象，而“诱导形象”则是在旅游者实地旅游之后形成的实地旅游感知形象。本书的研究中采用旅游感知第二个层次，即“诱导形象”。感知价值是顾客对产品和服务的实际价值的主观反应，是购买行为之后对产品或服务的评判，是消费者对感知利得与感知利失的权衡比较。感知利得来自产品和服务的物理属性、服务属性和售后支持等；感知利失是购买者在购买过程中面临的全部成本，由货币成本和非货币成本构成，如购买价格、交通成本、时间、精力、体力损失等。

顾客感知可以看作是顾客对购买体验的主观评价。

顾客感知价值具有多个层面，对旅游消费品来说，感知价值可以是功能上的、服务上的、质量上的、价格上的，也可能是形象上的、社会上的、文化上的、情感上的。对服务业来说，感知价值是一种体验价值，是对企业提供的服务的总体评价。

旅游者的旅游感知影响着旅游者的行为意愿和行为倾向，能够增加顾客的重游行为和向别人推荐旅游目的地的可能性（Ulaga and Chacour，2001），感知价值决定着旅游者对旅游目的地的选择，同时，感知价值也影响着旅游者对某次旅游的满意程度。众多学者普遍认为，感知价值是游客满意度的前提条件（Cronin and Taylor，1992），而要想使游客获得较强的满意度，旅游市场必须首先向旅游者提供具有良好价值的产品和服务（Jones and Sasser，1995）。消费者的感知价值越高，顾客满意度就越高，消费者就越倾向于进行重游、口碑推介等行为，反之就会造成顾客不满、抱怨，甚至转换到旅游竞争对手那里或不再重游。

2.1.2　旅游消费

消费是社会再生产过程中的一个重要环节，也是最终环节，它是利用社会各类产品来满足人们各种需要的过程，消费大体上被分为生产性消费和个人消费。旅游消费更强调的是旅游者个人的消费。世界旅游组织认为，旅游消费是指由旅游单位或旅游者在旅游过程中使用或为他们而生产的产品和服务的价值的支出。宁士敏（2003）认为，旅游消费是旅游主体在有时间和资金保证的前提下，从自身的享受和发展需要出发，凭借环境和旅游媒体服务创造的条件，在旅游过程中对以物质形态和非物质形态存在的行、住、食、游、购、娱等旅游客体的购买、享用和体验过程的支出（收入）总和。

本书研究认为，旅游消费有狭义和广义之分。狭义上的旅游消费仅指旅游者购买核心旅游产品的消费，是一种通过购买旅游产品来满足个人享受和发展需要的旅游行为和活动；广义的旅游消费则是指一种综合性的旅游消费，包括为实现核心旅游产品的消费目标而必须消费的餐饮、住宿、交通等活动。本书对黑龙江省冰雪旅游消费状况的描述性分析及消费偏好的实证分析，更侧重于从狭义的旅游消费的内涵出发，重点描述旅游者对冰雪旅游核心旅游产品的消费，通过购买冰雪旅游核心产品来满足个人享受和发展需要的旅游行为和活动的总和。

旅游消费的范畴一般包括两部分：一是关注旅游市场体系的旅游消费；二是关注旅游消费者消费行为的旅游消费。本书在冰雪旅游市场体系层面上的冰雪旅游消费状况的基础上，重点分析了冰雪旅游消费者的消费行为等微观层面的旅游消费问题。

旅游消费属于一种享受型、发展型的消费，其是为了满足自身发展和享受的需要，而进行的对旅游产业中的各种物质资料和精神资料消费的总和，是一种较高层次的消费需求。冰雪旅游与其他旅游相比，由于其特殊的气候环境以及旅游活动等特殊性，其消费更呈现出高层次、高成本的特征，表现出一种高级形态的消费。

现代旅游本质上是一种消费活动，旅游者即是消费者，旅游者的消费行为影响着旅游者的消费程度及旅游产业发展的效率等。由于旅游消费属于一种体验式的消费，旅游资源既具有经济效益又具有社会效益或者文化效益，因此，旅游者的消费行为不仅表现为一种经济性的消费行为，同时也表现为自身情感或者感性的消费，这种感性的消费前提和基础即是旅游者对旅游的感知和认同。因此，旅游感知和旅游消费二者是密不可分的。

2.1.3 旅游产业

旅游产业是旅游行业和与旅游行业密切相关并为其提供文化、信息、人力、物力、财力、智力等物质或非物质服务与支持的产业（马勇和周霄，2003）。与其他产业相比，旅游产业具有多产业融合的特点。旅游产业是社会化分工与产业发展演进的产物。伴随着世界经济的发展、产业形态的变革以及人们收入水平和生活质量的提高，旅游产业在很多国家都被作为新兴的、战略性支柱产业而得到大力发展。改革开放以来，我国旅游产业也得到了迅猛发展，特别是 2009 年，国务院首次提出将旅游业培育成国民经济的战略性支柱产业的目标，使得我国旅游业的发展地位、内涵和外延都得到了拓展。中国旅游研究院院长戴斌认为，旅游产业发展的早期仅仅是满足人们开阔眼界的需求，当代旅游产业的持续发展则要使游客能够理解和感悟他人的生活和思想，并把这些理解和感悟融入自己的生活和思想中（河南文化旅游研究院，2017）。旅游不仅仅要停留在游山玩水感官愉悦的观光旅游层次上，更应该满足人们高层次的知识增长的需求。由此，可以认为旅游产业就是通过对旅游目的地的旅游资源、旅游产品及旅游资源中所蕴含的文化、思想的游览、体验、学习与感悟，传播文化、提升人们文化内涵和文明素质的一项事业及相关产业。这就要求在旅游产业的发展中要开发具有文化品位、文化价值，能够满足旅游者文化需求的旅游产品。可见，必须将文化融入旅游中才能保持旅游产业发展的持续生命力。

2.1.4 冰雪旅游产业

国外对冰雪旅游产业内涵的界定范围较窄，绝大多数指的是滑雪旅游产业。Burakowski 和 Magnusson（2012）认为，滑雪产业是旅游、餐饮、住宿、交通、培训等行业的集合系统。Trauer（2010）认为滑雪运动属于冬季体育旅游产业中的一项重要冰雪旅游活动。

国内对冰雪旅游产业内涵界定的研究成果不多，且比较模糊，更多的研究是界定冰雪旅游的内涵，且界定的范围基本上比较宽泛。例如，张春艳等（2008）认为，冰雪旅游是以冰雪旅游资源为依托的旅游目的地在社会发展中形成生产生活方式系统，游客对其生产生活方式系统进行游览、体验等而产生的旅游活动。杨春梅（2016）从广义上将冰雪旅游的主要内容划分为三部分：①冰雪观光游览旅游，包括对自然冰雪景观和人工冰雪景观的游览观光；②冰雪体育运动旅游，包括滑冰、滑雪、冬泳等；③冰雪娱乐旅游，包括冰上爬犁、狗拉雪橇等。

人类在开发利用冰雪自然资源的过程中，以冰雪自然资源为内容和核心要素，创造出了丰富的有形与无形的冰雪物质产品与精神产品，如冰灯、雪雕等冰雪有形艺术产品，凝结着一定的艺术文化、创意文化的内涵；冰雪渔猎、雪乡冰雪民俗等无形精神产品则凝结着一定的地方民俗文化的内涵和特色。随着时间的演化，社会经济的不断发展与进步，人们生活水平的提高，人们的社会消费越来越多样化，为了满足人们对多样化的社会消费的需求，冰雪有形与无形产品不断积累、汇集，不断创新与发展，逐渐形成了冰雪旅游的核心吸引产品。而冰雪旅游通常就是利用冬季丰富的冰雪环境资源及其被开发利用所形成的冰雪核心产品，吸引人们前来进行各种形式的游览、观光、探险、体验等的全部旅游活动，它更强调的是围绕冰雪旅游产品所开展的一系列旅游活动的集合，包括观光类型的冰雪旅游（如观看冰灯、冰雕、雪雕等活动）、运动休闲类型的冰雪旅游（包括滑冰、滑雪、冰球、冰雪马拉松、冬泳等竞技运动和休闲运动）、节庆赛事类型的冰雪旅游（包括冰雪节、滑雪节、泼雪节、世界冬泳锦标赛、滑雪锦标赛等）、娱乐类及其他体验类型的冰雪旅游。而冰雪旅游产业更强调的是旅游企业或者旅游行业的集合，是与冰雪旅游活动相关的、为冰雪旅游活动提供旅游产品及旅游服务的全部企业或者行业的集合体，是旅游产业中一类新兴而具有特色的产业，具有生态旅游产业的特点。冰雪旅游产业是依托冰雪自然资源和冰雪文化资源，经过对冰雪自然资源和冰雪文化资源的不断开发利用而形成的，冰雪自然资源禀赋的特殊性及其分布的地域性，使得冰雪旅游产业在发展中表现出相对的区域资源垄断性和生态性的特点。当然，现代科技的进步与发展（如人造冰雪的出现）正在逐步消除这种区域的垄断性。

2.2　研究的理论基点

2.2.1　绝对优势理论

从宏观上讲，旅游产业的发展主要依赖于资源、产品和市场三大领域。就黑龙江省而言，其长期拥有丰富而独特的冰雪自然资源，具有发展冰雪旅游产业得天独厚的自然资源优势。1985 年黑龙江省哈尔滨市举办首届冰雪节，标志着冰雪旅游在中国的真正开始，自此，该地区不断开发冰雪旅游产品，至今已经打造出冰雪大世界、太阳岛国际雪雕艺术博览会（简称太阳岛雪博会）、亚布力滑雪旅游度假区等驰名中外的冰雪旅游产品，以及一系列丰富多彩的、民众参与性强的冰雪旅游、娱乐活动，如市民滑雪节、冬捕节、冬泳比赛等。应该说黑龙江省冰雪旅游产业的发展已经具备了充分的资源优势和夯实的旅游产品建设的基础，具有发展冰雪旅游产业的绝对资源优势的前期基础，符合亚当·斯密的“绝对优势理论”的观点。亚当·斯密（2012）在《国富论》一书中提出的“绝对优势理论”的观点认为“一个国家和地区的绝对优势来源于自身的自然优势和获得性优势”。绝对优势理论强调了不同国家和地区的产业之间的绝对差异和潜在优势，产业之间的合理分工在于该区域的资源禀赋和产业发展的天然条件。冰雪旅游产业是典型的资源型产业。资源型旅游产业主要是以具有绝对竞争优势的地区旅游资源为依托，并吸引本区域外市场消费者的进入而逐渐发展起来的（向勇，2016）。同时，旅游产业本身的发展也必须要依托地域独特的、具有优势的旅游资源，开发旅游产品，吸引区域内外的市场客源才能发展起来。因此，冰雪旅游产业就是依托地区具有绝对竞争优势的冰雪自然资源，开发冰雪旅游产品，吸引区域内外的市场消费者而逐渐发展起来的，因此，消费者的感知和消费对冰雪旅游产业的发展具有重要的影响。

应该说，黑龙江省目前已经具备了冰雪旅游产业发展的绝对资源禀赋优势和天然条件，要想保持黑龙江省冰雪旅游产业发展在全国的持续竞争优势，保障黑龙江省冰雪旅游产业未来的长期可持续发展，在现有的资源优势和产品开发的基础上，应该着力增强冰雪旅游产业的市场获得性优势。此外，作为一类资源型产业，旅游产业属于一种在地型的产业，冰雪资源的自然区域分布特征，使得冰雪旅游产业的在地型特征表现得更为明显。因此，在冰雪旅游产业发展中，对冰雪旅游所在地的地理环境、物理空间和场馆设施等物质条件，旅游目的地的相关配套服务水平等方面的感知价值也是影响区域外市场游客来此观光旅游、度假休闲的重要因素，并且在冰雪旅游产业发展的初期，这方面的影响将首先表现出来，并成为主要影响因素。随着冰雪旅游产业发展到成熟阶段，其文化的内蕴力及其对文化的膜拜价值将会成为影响游客来此地旅游的主导因素。因此，黑龙江省冰雪旅游产业发展中，产业发展的初期阶段，应努力提升旅游目的地的形象，以此吸引更多的客源市场；到了该产业发展的成熟阶段，则应该努力提高冰雪旅游产业中的地域文化、冰雪文化的内蕴力及吸引力，以持续地吸引区域外的市场游客，增强其市场获得性优势并提升竞争力，特别是在吉林、辽宁、新疆、内蒙古、四川、河北、北京等地的冰雪旅游产业呈现出快速发展态势的竞争压力下，更应该努力挖掘和提升并持续获得这两方面的优势，以持续增强游客的吸引力和满意度，进而持续提高冰雪旅游产业发展的效率和竞争力。

2.2.2 增长极理论

冰雪资源作为一种自然资源及其自然分布的区域性特征，都决定了冰雪旅游产业是一种生态型产业。生态型产业是按照生态经济原理和知识经济规律组织起来的基于生态系统承载力、具有高效的经济过程及和谐的生态功能的网络型、进化型产业（杨中艺，2012）。生态型产业是根据生态学原理，仿照自然生态系统物质循环的方式，由多个企业按照一定生产层次组合起来的，将一个生产过程的副产品或废弃物作为另一生产过程的原材料，废弃物通过若干过程最终成为社会需要的产品，从而达到保护环境、提高资源利用效率和提高经济效益的目的，使传统的开环的链式系统转变为闭环的网状循环系统，形成具有高效的生态过程及和谐的生态功能的集团型产业，因此，生态型产业具有明显的集聚效益。基于此，作者认为，具有生态型产业特征的冰雪旅游产业也具有较好的集聚性，基于产业分工的特色资源、技术支撑等增长要素，易形成特殊的产业空间，即产业园区。这种具有集聚性特征的冰雪旅游产业也最易成为地区经济发展的增长点，符合增长极理论的观点。

增长极理论最初是由法国经济学家佩鲁在 1950 年提出来的，用来解释地区增长的不平衡性。许多区域经济学者将这种理论引入地理空间问题的研究中，用它来解释和预测区域经济的结构和布局。后来很多经济学家将增长极理论引入区域经济理论中，分别在不同程度上进一步丰富和发展了这一理论，使区域增长极理论的发展成了区域开发中的主流观点。增长极理论认为：一个国家和地区要实现区域的平衡性发展是不可能的，经济增长通常是一个或数个“增长中心”逐渐向其他部门和区域的传导。如果把发生支配效应的经济空间看作力场，那么位于这个力场中的推进性单元就可以描述为“增长极”（王仲智和王富喜，2005）。这种特定的经济集聚空间能够带来较好的规模经济效益，从而强化了产业及区域经济的竞争优势。黑龙江省是资源大省，曾经大力发展的原煤、原油、原木等资源型优势产业，目前都基本处于衰退状态。在经济发展的新常态下，在新一轮东北振兴的战略指导下，黑龙江省地域经济的转型发展需要寻找新的增长点。冰雪资源已经被世界旅游组织认定为是与森林和海洋并列的三大旅游资源。黑龙江省拥有丰富的冰雪资源和独特的冰雪文化，完全可以把冰雪旅游产业作为地区经济转型发展的新增长点。增长极理论推进了冰雪旅游产业的集聚型发展模式，也成为本书中冰雪旅游产业园区建设的理论基础。

2.2.3 消费者行为学理论

经济学领域对消费者行为的相关问题一直都非常关注。凯恩斯（Keynes）首先提出了消费函数，并认为收入水平是决定消费的最重要因素，因此，提出了“绝对收入假说”，Duesenberry 和 Modigliani 则提出相对收入假说，认为当收入发生改变时，消费者并不倾向于立即改变自己的消费水平，同时，Duesenberry 将习惯因素纳入消费者行为的研究中，认为消费还受到周围其他消费水平的影响（朱信凯和骆晨，2011）。可见，旅游消费行为不仅受绝对收入效应的影响，也受到习惯性、示范性、预防性等消费情境及旅游者主观感知的影响。

20 世纪 80 年代以来，关于消费者行为学的研究不断有新的进展。Guagnano 等（1995）提出了预测消费者行为的“态度-情境-行为”理论，认为消费者行为是个体环境态度变量和情境因素共同作用的结果，这一理论符合消费者行为学中行为主义范式的研究，即消费者在消费某产品时，不但受情感或信念等因素的影响，还受环境方面的影响（孙九霞和陈刚华，2015），包括产品所在环境以及消费者所处环境。从该理论可得出，旅游消费行为不仅受旅游者的感知、价值观等主观因素的影响，还受旅游目的地环境形象等方面的影响。

行为主义心理学认为，人的行为是外部刺激作用的结果，环境变量因素对旅游者行为的影响正是从外部给予的刺激，当某行为的结果能够满足人们的需要时，在这样的刺激下，行为会倾向于重复，反之，行为则趋向于消退。例如，市场上的各种产品通过广告、促销等手段成为影响消费者购买的刺激因素。另外，朋友、家庭、网络评论、群体文化等也会影响消费者的消费行为。旅游者通过个体的学习、感觉、知觉以及经验对所接受的外部信息进行加工和吸收，经过加工后的外部信息、环境的刺激与旅游者个体的态度、人口统计等相互作用，共同影响旅游者的消费需求和动机，并最终促成旅游者消费行为的产生。

消费者行为学中的“态度-情境-行为” 理论以及“刺激-反应”模式理论，为本书从感知和消费的视角研究冰雪旅游产业发展问题提供了理论基础和指导。基于这些理论，本书重点研究了旅游者对冰雪旅游目的地形象的感知及其对旅游者的满意度和旅游行为意愿的影响等内容。

2.3 旅游感知、旅游消费与旅游产业发展效率之间的逻辑关系

本节内容分析旅游感知、旅游消费与旅游产业效率之间的逻辑关系，目的是进一步明确本书从感知、消费及效率的维度研究黑龙江省冰雪旅游产业发展问题的出发点。

理论而言，每一个地区的冰雪旅游产业都是基于当地特色的冰雪自然资源和冰雪文化资源形成的，应该说都具有自身的特殊性，体现当地的地域文化及生产生活系统。然而，如果以某一个或者某些指标（如旅游人数、旅游收入等）来衡量各地区冰雪旅游产业的发展状况时，各个地区的冰雪旅游产业发展之间又确实存在较大的差异，这也可以认为是产业发展效率上的差异。另外，从各地区冰雪旅游产业发展的实际来看，有些地区的冰雪旅游景区，甚至同一地区内的不同冰雪旅游景区，游客旅游后会产生再次重游的意愿，并能对这些冰雪旅游景区进行积极的宣传，从而影响其他潜在的旅游者，而对于有些冰雪旅游景区，游客却会产生相反的旅游消费行为意愿。这说明实际各地区冰雪旅游产业的发展确实有差异。旅游者的感知及消费行为对冰雪旅游产业发展会产生影响。

2.2.1 节分析了绝对优势理论对冰雪旅游产业发展的指导作用。从该理论的观点可见，良好的资源优势必然表现为良好的市场业绩，相关的市场地位也反映出相关的资源优势，因而，旅游资源的绝对优势决定旅游景区的生存和发展。在该理论指导下，冰雪旅游产业的发展，其实质是一种资源导向型的旅游资源开发方式和一种以初级生产要素作为竞争基础的竞争方式。当市场处于卖方市场或者有微小的买方市场的情况下，这种资源导向型的冰雪旅游产业的发展是有效的，然而，当市场处于买方之间激烈竞争的市场环境时，过分注重资源的开发，就会使得产业发展表现为无效。市场环境的变化以及我国旅游产业发展的阶段性演进，要求在冰雪旅游产业的发展过程中，摒弃过分注重资源开发的这种粗放型的发展模式和过度依赖资源优势的低层次的竞争理念，而应该转向高度关注市场供求与环境的变化。在我国旅游业进入全面发展的新时期，旅游市场的竞争更多地体现为从游客价值的角度出发，基于旅游产品质量、品牌、服务、情感体验等基础上的高层次的竞争。黑龙江省冰雪旅游产业的发展要想保持在全国的持续竞争优势和较高的发展效率，就应该在现有的资源和产品优势的基础上，着力增强市场获得性优势，即获得更多旅游者的竞争优势，这方面有赖于游客对黑龙江省冰雪旅游的感知价值和消费水平的持续提高，这是本书从感知和消费的视角切入研究黑龙江省冰雪旅游产业发展的一个基点。

基于消费者行为学理论的一些观点，可以认为旅游产业的发展中，游客的感知价值对游客的满意度及消费的行为意愿都有影响，一些学者的研究也证实了这一点（Kuo et al.，2009；Yang and Peterson，2004），游客的满意度也影响其消费的行为意向。

理论而言，游客在旅游过程中获得满意后，一般会有比较高的重游率，从而为旅游产业（企业）带来持续的收入，同时，老顾客的不断重游，也为旅游企业节约了广告营销等方面的成本，具有高满意度的游客的保有率及游客满意度时间的延长等方面都会增强旅游业的盈利能力，提高旅游企业的效率。前人的相关研究也表明，基于游客感知价值产生的满意度与企业利润之间具有很高的相关性。Zeithaml（1988）的研究表明，高满意度的顾客，其忠诚度也高，也更倾向于和企业建立友好关系，对于提高企业的财务绩效有非常大的贡献。

基于上面的分析，作者认为，在冰雪旅游产业的发展过程中，旅游感知、旅游消费与旅游产业效率之间具有一定的逻辑关系，即游客的感知价值影响游客的满意度，二者合力进而影响游客的消费行为意向，游客的感知价值高，能增加其旅游的满意度，从而增加游客的重游率，最终增加旅游企业的收入，提升旅游产业的效率。本书基于这种逻辑关系的分析，选择研究黑龙江省冰雪旅游产业发展中的感知、消费与效率问题。

2.4 本章小结

本章主要对本书研究中所涉及的主要相关概念进行了界定与分析，明确了旅游感知与旅游消费以及冰雪旅游产业的本质内涵及特点，分析了旅游感知与旅游消费之间的关系，并基于绝对优势理论和消费者行为学理论，分析了旅游感知、旅游消费与旅游产业发展效率之间的逻辑关系，明确了本书从感知、消费和效率的视角研究冰雪旅游产业发展问题的出发点。同时，基于冰雪旅游产业的特殊性，从绝对优势理论与增长极理论的核心思想出发，为本书的研究提供了基本理论基点。作者认为，黑龙江省发展冰雪旅游产业具有绝对的冰雪自然资源优势，未来应该大力加强冰雪文化内蕴和冰雪价值的体现与传播，以增强黑龙江省冰雪旅游产业的市场获得性优势。冰雪旅游产业属于一类生态型产业，生态型产业具有明显的集聚效益，易形成产业园区，进而使得冰雪旅游产业成为黑龙江省地域经济转型发展的新增长极。在体验经济和服务经济的时代，要在对消费者行为模式、感知价值、消费倾向等充分了解的基础上，有效地拉动冰雪旅游产业的消费需求。

第3章 基于感知维度的黑龙江省冰雪旅游产业发展研究

由于冰雪自然资源分布的明显区域性特征，冰雪旅游产业的在地型产业特征表现得更为突出。这种类型的产业发展对地理环境、物理空间和场馆设施等物质条件要求较高，对旅游的配套服务及旅游产品中体现的在地文化的价值及内涵要求较高，而这些方面又是提升旅游市场获得性优势的基础。中国旅游研究院院长戴斌表示，发展冰雪旅游，既要有保障运动员训练和比赛所需要的专业装具和专业场地、商业性的冰雪休闲场馆和冰雪旅游项目，也需要提升大众对冰雪休闲旅游的参与感和满意度。基于前述的理论基点及这种在地型旅游产业的基本特征，本章重点研究冰雪旅游消费者对黑龙江省冰雪旅游目的地形象的感知，并探讨这种感知与旅游消费者的满意度及消费者旅游行为意愿之间的关系，为后文研究冰雪旅游消费以及冰雪旅游产业发展效率奠定基础。

3.1 理论分析与研究假设

国内外的相关研究表明，旅游目的地形象对旅游者的旅游行为具有重要的影响，它影响潜在的旅游者对旅游目的地的选择以及重新到访的意愿等（马凌和保继刚，2012；Yang and Peterson，2004；Neal，1999），同时，它也影响旅游目的地市场的获得性优势的提升。作者认为，冰雪旅游目的地形象直接影响旅游消费者对冰雪旅游的感知，进而影响旅游消费者的满意度及旅游消费行为等方面。基于此，提出如下假设。

（1）冰雪旅游目的地形象影响旅游消费者的感知价值。在旅游目的地形象与旅游消费者感知价值方面，国外的相关研究相对较多，国内相关的研究较少。Kim等（2013）、Ilban 等（2015）的研究均表明，旅游目的地形象正向影响旅游消费者的感知价值。王斌（2011）的研究也发现，旅游目的地形象对游客感知价值有显著的正向影响。由此，本书首先提出如下假设。

H1：冰雪旅游目的地形象对旅游消费者感知价值有直接的正向影响。

（2）旅游消费者对旅游目的地形象的感知价值影响其旅游的满意度。旅游消费中消费者感知价值是旅游消费者基于所得与所失的权衡，是对旅游过程中所购产品和所享受服务的总体评价。大多数学者在研究中将旅游消费者感知价值概括为功能价值、认知价值、社会价值和成本价值四个方面（李伟静和杨发鹏，2015）。Yang 和 Peterson（2004）、鱼文英和李京勋（2010）等的研究，证实了感知价值与顾客满意度间存在显著的正向影响关系。由此，本书提出如下假设。

H2：冰雪旅游目的地旅游消费者感知价值对消费者满意度有直接的正向影响。

（3）旅游消费者的旅游满意度影响其旅游的行为意愿。许多研究表明，旅游消费者的行为意愿与其旅游的满意度显著相关。例如，齐先文（2014）的研究表明，满意体验对旅游消费者的忠诚度具有直接正面影响；张红梅等（2016）的研究也发现，满意度对旅游消费者行为意愿的直接影响作用显著。由此，本书提出如下假设。

H3：冰雪旅游目的地旅游消费者的满意度对其行为意愿有直接的正向影响。

（4）旅游消费者对旅游目的地形象的感知价值影响其旅游的行为意愿。感知价值与顾客行为意愿方面的研究较多，例如，Neal（1999）指出，顾客满意度对顾客忠诚度是必要的，但只有价值才能真正驱动忠诚；Cronin 等（2000）认为，感知价值能够很好地预测消费者的行为倾向；Kuo 等（2009）的研究发现，顾客感知价值显著影响其购后的行为意向。在旅游消费方面关注旅游消费者感知价值与其行为意向之间关系的研究比较少，即便如此，仅有的一些研究也发现旅游消费者感知价值是其行为意向的重要前因变量，例如，Chen C F 和 Chen F S（2010）、韩春鲜（2015）的研究表明，消费者感知价值对其行为意愿具有显著的正向影响。基于此，本书提出如下假设。

H4：冰雪旅游目的地旅游消费者感知价值对其行为意愿有直接的正向影响。

（5）冰雪旅游目的地形象影响旅游消费者的满意度。旅游目的地形象是一个多维度的变量，包括自然环境、氛围、文化遗产、基础设施等（Fakeye and Crompton，1991）。大多数的学者在研究中将旅游目的地形象概括为旅游设施形象、旅游服务形象、旅游资源形象和旅游环境形象四个方面（柴寿升等，2016）。吕丽辉（2015）和卞显红（2005）的研究结果表明，旅游目的地形象与旅游消费者满意度有显著的正相关关系。由此，本书提出如下假设。

H5：冰雪旅游目的地形象对旅游消费者满意度有直接的正向影响。

（6）冰雪旅游目的地形象影响旅游消费者的行为意愿。旅游消费者的行为意愿主要包括消费者的重游意愿和推荐意愿（张红梅等，2016）。Castro 等（2007）的研究也表明，旅游目的地形象影响旅游消费者的游后行为。杨妮等（2015）的研究也发现，旅游目的地形象对旅游消费者的行为意愿有重要影响。马鹏等（2012）的研究也发现，旅游目的地的形象及服务对旅游消费者忠诚度有显著的影响。由此，本书提出如下假设。

H6：冰雪旅游目的地形象对旅游消费者的行为意愿有直接的正向影响。

基于上述假设，在参照借鉴已有的“感知-情感-意愿”模型（Hilgard，1980）、理性行为模型（Weaver et al.，2007）等基础上构建了本章研究的理论模型，如图 3-1 所示。根据图 3-1 展示的理论模型的逻辑关系，下面将首先采用文本分析法、问卷调查法研究旅游消费者对黑龙江省冰雪旅游目的地形象的感知现状，在此基础上，实证检验上述所提出的相关研究假设。

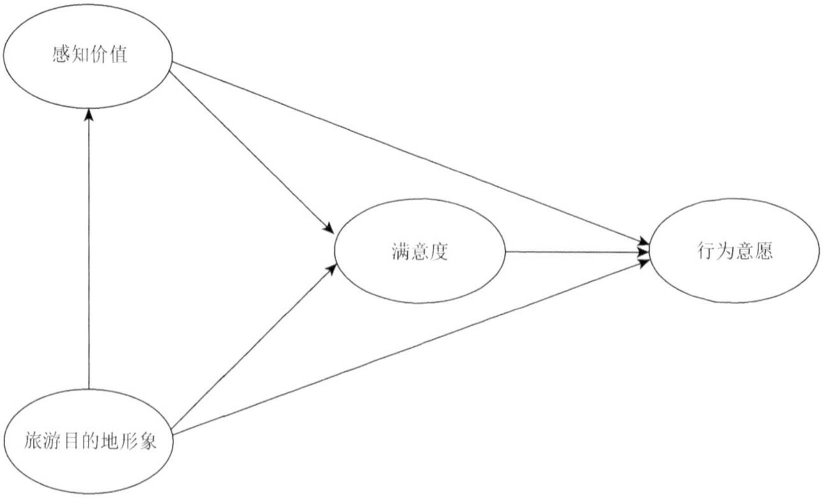

图 3-1　研究的理论模型

3.2　旅游消费者对冰雪旅游目的地形象的感知现状

旅游感知是将外部的旅游信息转化为旅游消费者的内部思维世界的过程（匹赞姆，2005）。旅游消费者对旅游目的地形象感知的状况及感知的程度，对旅游目的地的形象及旅游消费者的旅游消费和重游等都有重要的影响。早期的旅游感知研究主要依靠理论演绎和归纳辨析等法，仅有少数研究采用了语义量表和线性模型等手段。20 世纪 90 年代后，伴随着旅游感知研究的快速发展，其研究方法也更加丰富多样。本书首先通过文本分析方法，分析旅游消费者对黑龙江省冰雪旅游目的地形象的感知状况，然后通过问卷调查法，定量评价了旅游消费者对黑龙江省冰雪旅游目的地形象感知的具体程度。

3.2.1　黑龙江省冰雪旅游目的地形象

旅游目的地形象是指旅游目的地的各种旅游要素资源通过各种传播形式作用于旅游消费者，并在旅游消费者心目中形成的综合印象（谢朝武和黄远水，2002）。

有学者研究发现，旅游目的地形象是影响旅游消费者满意度以及游后行为的重要因素（Chew and Jahari，2014），良好的旅游目的地形象是吸引旅游消费者前往旅游及重游的关键因素之一（李艳红和金海龙，2005）。近些年，黑龙江省在冰雪旅游产业的发展过程中，正在由过去单纯开发冰雪旅游资源向注重冰雪旅游目的地形象及冰雪旅游产品品牌建设、冰雪文化价值挖掘等方向迈进。当今时代，旅游业已经进入优质旅游的全新发展时代，旅游消费者对更优质的旅游体验与旅游服务的期待，将旅游目的地的形象建设提到重要的高度。

根据人民网舆情监测室旅游大数据中心发布的“2017 年度冰雪旅游目的地品牌影响力排行榜（Top30）”，黑龙江省只有哈尔滨冰雪大世界、哈尔滨太阳岛风景区进入前 10 名，著名的中国雪乡、亚布力滑雪旅游度假区都没有进入前 10 名，而吉林省有 3 个景区进入前 10 名，见表 3-1。从表 3-1 可见，在入选的 30 个冰雪旅游景区中，哈尔滨冰雪大世界的旅游目的地品牌的影响力高居榜首，同时，冰雪旅游消费者对哈尔滨冰雪大世界的期待指数也达到了 92.12，仅次于万达长白山国际旅游度假区，位居 30 个景区中的第二位。每年一届的哈尔滨冰雪大世界游园会已经成为旅游消费者心目中冰雪旅游的标志性盛会。作为 2017 年央视鸡年春晚分会场之一，借助“春晚”的深远影响力更是传递出了哈尔滨冰雪大世界独特的冰雪魅力，极大地提升了哈尔滨冰雪大世界旅游品牌形象和知名度。为了吸引年轻人的关注，拉近与年轻群体之间的距离，2018 年，哈尔滨冰雪大世界建设了“王者荣耀”冰雪主题景区，不仅提升了景区旅游品牌的知名度，还实现了旅游产业与动漫产业的有效融合。

表 3-1　2017 年度冰雪旅游目的地品牌影响力排行榜（Top30）

排序	冰雪旅游目的地	媒体引导力	游客期待指数	品牌美誉度	品牌影响力
1	哈尔滨冰雪大世界	83.29	92.12	76.85	82.87
2	万达长白山国际旅游度假区	79.32	93.02	88.75	80.52
3	哈尔滨太阳岛风景区	73.53	48.68	93.23	77.46
4	张家口万龙度假天堂	89.86	30.56	76.53	77.24
5	乌鲁木齐丝绸之路国际度假区	85.48	12.86	74.02	69.28
6	长春净月潭国家森林公园	41.59	31.86	88.27	68.27
7	北京密云南山滑雪滑水度假村	56.07	12.49	83.63	63.39
8	河北崇礼太舞滑雪小镇	68.82	60.51	75.11	61.07
9	吉林万科松花湖度假区	30.15	24.69	84.39	60.18
10	张家口密苑云顶乐园	49.91	13.89	75.25	57.81
11	沈阳棋盘山冰雪大世界滑雪场	33.52	29.47	78.58	57.59

续表

排序	冰雪旅游目的地	媒体引导力	游客期待指数	品牌美誉度	品牌影响力
12	中国雪乡	60.17	50.36	77.38	57.49
13	亚布力滑雪旅游度假区	59.66	37.26	69.52	57.43
14	吉林北大壶滑雪场	30.08	20.64	87.08	57.29
15	吉林查干湖	37.18	54.62	79.50	57.23
16	黑龙江牡丹江镜泊湖	38.30	56.96	76.11	57.11
17	哈尔滨伏尔加庄园	26.82	40.97	94.42	57.09
18	长白山露水河长白山狩猎场（吉林）	24.21	23.66	87.51	55.00
19	长春莲花山度假区	48.42	10.00	85.44	54.68
20	北京军都山滑雪场	30.88	25.58	87.75	54.41
21	北京温都水城	36.63	48.53	78.84	53.52
22	河北沕沕水生态风景区	21.87	35.91	78.69	53.27
23	长春庙香山度假区	43.37	11.23	86.20	52.47
24	辽宁沈阳东北亚滑雪场	32.93	10.00	96.22	51.49
25	天津盘山滑雪场	31.47	14.57	84.09	51.31
26	长白山天池雪野雪公园（吉林）	26.59	19.09	84.21	51.29
27	乔波冰雪世界（北京）	44.44	10.37	78.09	50.85
28	北京怀北国际滑雪场	25.39	12.13	85.95	50.81
29	阿尔泰山野雪公园（新疆）	29.46	10.16	73.54	49.62
30	万龙八易滑雪场（北京）	23.34	10.93	85.63	49.51

资料来源：人民网. http://yuqing.people.com.cn/n1/2018/0111/c394872-29759342.html。

长期以来，黑龙江省的冰雪旅游产业在全国都具有引领性，特别是哈尔滨冰雪大世界的引领和标志性作用一直很突出。但是在全域旅游的时代，黑龙江省是否仅靠哈尔滨冰雪大世界的引领和带动就能实现全域冰雪旅游产业竞争力的提升呢？近些年，随着吉林等其他地区冰雪旅游目的地建设及目的地形象和影响力的逐渐提升，黑龙江省冰雪旅游目的地形象的整体影响力却在下滑。由表 3-1 可见，在此次评选出的全国 30 个旅游目的地中，黑龙江省有 6 个，吉林省有 9 个，北京和河北分别有 6 个和 4 个。黑龙江省冰雪旅游目的地形象及影响力正日益受到外部竞争的威胁，同时，黑龙江省一些冰雪旅游目的地在管理上、制度上的不完善，也严重损坏了自身的品牌形象，特别是在 2017 年底发生的中国雪乡的“宰客事件”、亚布力滑雪旅游度假区管理委员会与投资企业的冲突事件等，对中国雪乡和亚布力滑雪旅游度假区的旅游目的地形象带来了一定的负面影响。因此，未来要实现黑龙江省冰雪旅游产业的健康可持续发展，必须首先注重和加强其冰雪旅游目的地形象的建设及影响力的提升，着力增强游客对冰雪旅游目的地形象的感知力和满意度，进而提升冰雪旅游产业的市场获得性优势。

3.2.2 基于文本分析法的游客对冰雪旅游目的地形象的感知

1. 研究方法

本部分的研究内容采用对博客文本进行分析的方法，对旅游消费者对黑龙江省冰雪旅游目的地品牌形象的感知现状进行分析。文本分析法是一种在旅游研究领域越来越广泛使用的一种研究方法（Markwell and Basche，1998），博客是互联网发展过程中出现的一种新的功能应用。中国拥有庞大的博客部落，根据中国互联网络信息中心的数据，中国每 4 个网民中就有 1 个博客作者。一些旅行者在旅游活动结束后，会自发地在网上发表日志，记录其旅游的过程或经历，这种情况在中国是非常普遍的。绝大多数旅游者的旅游博客是一种真实的、不受干扰的文本数据，同时提供了多条件、多维度下的信息，也是最能获得游客深层次感受的文本资料，避免了问卷调查法只能反映问卷选项所涉及问题数据的局限性（钟晟，2015）。本节主要采用了文本分析软件 ROSTCM 6 对所选择的博客文本进行分析，得出旅游消费者对黑龙江省冰雪旅游目的地形象感知的状况。

2. 博客文本的选择

本部分内容的研究主要选取新浪网和网易网上的博客文章，以“哈尔滨冰雪大世界”“中国雪乡”“亚布力滑雪旅游度假区”等关键词进行搜索，搜索出 2015 年 1 月 1 日至 2018 年 1 月 30 日发表的有关冰雪旅游的博客日志，然后对这些博客日志进行初步的筛选，剔除那些空洞的、有图无文的以及太过文学创造性的博文，最终筛选出 20 篇博文作为本部分内容研究的文本分析样本。

3. 文本分析及结果

运用 ROSTCM 6 软件，对上述 20 篇博文的 Word 文档进行处理，筛选出前 30 个高频词汇，并对其进行频率统计，对这些高频词汇的有关评价语句进行编码，统计出现的正面评价和负面评价的次数和比例，并摘录典型的评价语句，具体的处理结果见表 3-2。

表 3-2　黑龙江省冰雪旅游博客文本高频词词频及内容分析

序号	高频词	词频	评论次数/次（占词频比/%）	正面评价		负面评价	
				频次（占比/%）	关键词	频次（占比/%）	关键词
1	哈尔滨	166	41（24.7）	39（95.1）	景观、音乐之都、冰雕、圣•索菲亚教堂、欧式生活、冰雪文化、滑雪、美食、雪景	2（4.9）	卫生环境差、雾霾
2	冰雪	131	39（29.8）	36（92.3）	冰雪世界、文化艺术、冰雪节、冰雪运动、林海雪原、冰雕	3（7.7）	项目费用高、门票价格贵
3	雪乡	70	14（20）	6（42.9）	旅游、景色、冬捕、森林公园、穿越体验	8（57.1）	宰客、商业气息浓、管理混乱、嘈杂、价格高、隐形消费
4	大世界	58	23（39.7）	21（91.3）	冰雪大世界、景点、灯光、冰雪文化	2（8.7）	门票贵、寒冷
5	大街	46	13（28.3）	13（100）	中央大街、欧式生活、景色、方石路	—	—
6	教堂	40	8（20）	8（100）	圣•索菲亚教堂、标志性建筑、人文风情、教堂之城	—	—
7	建筑	37	17（45.9）	16（94.1）	西式风情、异域风格、历史文化	1（5.9）	商业气息
8	时间	37	6（16.2）	5（83.3）	欢快时光、娱乐时光	1（16.7）	时间紧张
9	中央	33	11（33.3）	11（100）	中央大街、欧式生活、西餐厅	—	—
10	俄罗斯	31	11（35.5）	10（90.9）	餐厅、美食、商店、建筑风格、乐曲、小镇	1（9.1）	无法过境
11	松花江	30	4（13.3）	3（75）	景观、雪景	1（25）	门票价格高
12	冰雕	29	14（48.3）	14（100）	艺术品、冰雕比赛、广告、景色	—	—
13	文化	26	12（46.2）	12（100）	冰雪文化、音乐文化、历史文化、美食文化、中西文化	—	—
14	导游	24	5（20.8）	2（40）	态度	3（60）	自费项目、价格高、服务差
15	感受	24	9（37.5）	6（66.7）	东欧风光、冰爽、雪景、东北生活	3（33.3）	雪雕景观一般、寒冷
16	景区	23	5（21.7）	2（40）	工作人员、景色	3（60）	门票价格高、人多
17	雪地	22	16（72.7）	14（87.5）	游乐项目、雪地摩托、景色、徒步穿越、打雪仗	2（12.5）	气候寒冷、温差大

续表

序号	高频词	词频	评论次数/次（占词频比/%）	正面评价		负面评价	
				频次（占比/%）	关键词	频次（占比/%）	关键词
18	滑雪	22	9（40.9）	8（88.9）	高端滑雪、亚布力滑雪场、度假村、滑雪表演	1（11.1）	坑游客
19	童话	22	18（81.8）	18（100）	童话世界、浪漫、梦幻、城堡、冰雕、冰灯	—	—
20	游客	22	9（40.9）	6（66.7）	称赞、服务态度、体验、景观	3（33.3）	容纳量不足、坑游客
21	艺术	21	15（71.4）	15（100）	艺术品、建筑、景观、灯光、雪雕、冰雪艺术	—	—
22	穿越	20	2（10）	2（100）	林海穿越	—	—
23	拍照	20	3（15）	3（100）	夜景、雪景	—	—
24	冬季	19	6（31.6）	6（100）	冰雪节、冬季旅游、夜景、美食	—	—
25	风情	17	10（58.8）	10（100）	欧式风情、俄式风情、城市风情、异域风情、歌舞	—	—
26	门票	17	5（29.4）	—	—	5（100）	价格、费用过高
27	旅游	17	9（52.9）	7（77.8）	冬季旅游、冰雪旅游、滑雪旅游、纪念品商店	2（22.2）	失望、景点费用高
28	冰天雪地	17	8（47.1）	6（75）	冬日之旅、风景、滑雪娱乐	2（25）	寒冷、情绪失落
29	司机	17	6（35.3）	5（83.3）	态度、滴滴司机礼貌、风趣	1（16.7）	技术差、拼客、宰客
30	雪景	16	10（62.5）	10（100）	冰雪景观、村落雪景、山区雪景、公园雪景	—	—

资料来源：根据博客文本分析的结果整理而成。

由表 3-2 可见，在有关黑龙江省冰雪旅游的博客文本中前 30 个高频词中，词频超过 20 的有哈尔滨、冰雪、雪乡、大世界、大街、教堂、建筑、中央、俄罗斯、松花江、冰雕、文化、滑雪等，说明哈尔滨冰雪大世界、中央大街、松花江边、教堂、俄罗斯建筑等都是受到游客广泛关注的冰雪旅游景区和环境。雪乡也是广受旅游消费者关注的冰雪旅游景区。在这些高频词中，绝大部分得到了旅游消费者的正面评价，如对中央大街、圣·索菲亚教堂以及所体现的冰雪文化、美食文化、音乐文化、历史文化等的正面评价均达到了 100%。对哈尔滨及其冰雪大世界、俄罗斯建筑等的正面评价也都在 90%以上。这说明旅游消费者对黑龙江省冰雪旅游的资源、旅游设施等方面的感知认同度较高。整体上看，对黑龙江省冰雪旅游目的地的负面评价，基本上集中在门票价格高、服务差、管理混乱、存在隐形消费、导游及景区人多、拥挤、卫生环境差等方面。

通过 ROSTCM 6 软件对上述 30 个高频词汇制作文本语义关系图，结果如图 3-2 所示。

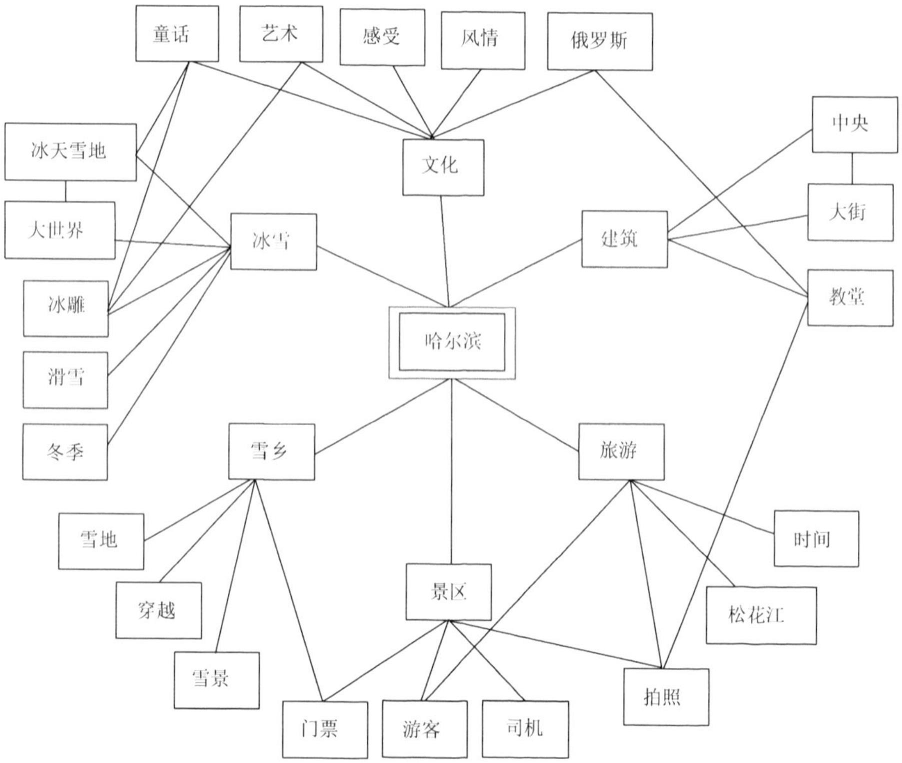

图 3-2　黑龙江省冰雪旅游博客文本语义关系图

“导游”与其他词汇语义关系不明显，故未在图中体现出来

由表 3-2 和图 3-2 可见，黑龙江省冰雪旅游目的地形象是一个以哈尔滨市为核心的，包括自然环境、文化环境、社会环境在内的复杂的系统。哈尔滨是黑龙江省冰雪旅游的核心区域，受到旅游消费者的高度关注，旅游消费者对哈尔滨冰雪大世界的正面评价在 90%以上，说明哈尔滨冰雪大世界作为黑龙江省冰雪旅游的标志性品牌的稳定性较强。对雪乡的正面评价为 42.9%，负面评价则达到 57.1%，说明旅游消费者对雪乡旅游目的地整体的形象感知认同度在下降，主要的负面评价表现在“宰客、商业气息浓、管理混乱、嘈杂、价格高、存在隐形消费”等方面。同时，旅游消费者对黑龙江省冰雪旅游中所体现的冰雪文化、音乐文化、历

史文化、美食文化、中西文化等文化的感知度也很高，其正面评价占100%，说明黑龙江省冰雪旅游产业的发展中，冰雪文化内涵的体现越来越明显，旅游消费者对黑龙江省冰雪旅游中的文化意象的感知度也越来越明显。

从表3-2的总体内容来看，旅游消费者对黑龙江省各个冰雪旅游景区目的地形象的感知程度较高的方面主要集中在冰雪旅游资源和旅游设施等上，而对黑龙江省冰雪旅游目的地的环境和旅游服务、管理的感知评价则较差。

3.2.3　基于问卷调查法的游客对冰雪旅游目的地形象的感知

1. 问卷设计

在参考已有的研究成果（Embacher and Buttle，1989；Crompton，1979）和征求专家意见的基础上，设计了问卷调查量表，利用问卷调查法收集相关数据资料。问卷由两部分构成：第一部分是旅游消费者基本人口统计学特征，包括性别、年龄、学历、月收入和职业；第二部分是旅游消费者对冰雪旅游目的地形象感知价值、满意度和行为意愿的测量量表。问卷第一部分是客观选择题的形式，第二部分的所有测量题项均采用利克特5点量表进行测量，1表示完全不符合，5表示完全符合。

2. 测量变量

第一，旅游目的地形象（tourist destination image，TDI）的测量变量。

借鉴刘军胜和马耀峰（2014）在研究中所用的量表，并经过适当修改而形成本书中对黑龙江省冰雪旅游目的地形象的调查量表。将旅游目的地形象划分为冰雪旅游设施形象（FI）、冰雪旅游服务形象（SI）、冰雪旅游资源形象（RI）和冰雪旅游环境形象（EI）4个维度，共21个题项，其中，冰雪旅游设施形象5个题项，冰雪旅游服务形象4个题项，冰雪旅游资源形象6个题项，冰雪旅游环境形象6个题项，如表3-3所示。

表3-3　黑龙江省冰雪旅游目的地形象的测量题项

构面维度	题项
冰雪旅游设施形象	高品质的餐厅（FI1）
	高品质的住宿条件（FI2）
	购物设施完备（FI3）
	金融服务设施完善（FI4）
	娱乐设施丰富多样（FI5）

续表

构面维度	题项
冰雪旅游服务形象	康乐氛围好（SI1）
	购物方便（SI2）
	接待服务人员素质高（SI3）
	服务水平高（SI4）
冰雪旅游资源形象	自然生态景观丰富（RI1）
	民俗文化景观丰富（RI2）
	艺术文化景观丰富（RI3）
	自然景观有特色（RI4）
	人文景观有特色（RI5）
	旅游活动项目丰富（RI6）
冰雪旅游环境形象	旅游市场秩序好（EI1）
	旅游接待能力强（EI2）
	旅游目的地干净整洁（EI3）
	商业氛围好（EI4）
	政治环境好（EI5）
	自然环境好（EI6）

第二，消费者感知价值（customer perceived value，CPV）的测量变量。

借鉴陈素平和高慈楼（2015）、李伟静和杨发鹏（2015）的量表，并经适当修改而形成本部分研究内容中对黑龙江省冰雪旅游目的地形象感知价值的调查量表。将感知价值划分为功能价值（FUNV）、认知价值（COGV）、社会价值（SOCV）和成本价值（COSV）4 个维度，共 15 个题项，其中，功能价值 4 个题项，认知价值 3 个题项，社会价值 4 个题项，成本价值 4 个题项，如表 3-4 所示。

表 3-4　旅游消费者对黑龙江省冰雪旅游目的地形象感知价值的测量题项

构面维度	题项
功能价值	本次旅游游览过程中享受到了周到服务（FUNV1）
	本次旅游欣赏到了美丽独特的景观（FUNV2）
	本次旅游体验到了特色鲜明的活动项目（FUNV3）
	本次旅游购买到了有地方特色的商品（FUNV4）

续表

构面维度	题项
认知价值	本次旅游使我了解了冰雪文化（COGV1）
	本次旅游增长了我的艺术欣赏能力（COGV2）
	本次旅游开阔了我的视野（COGV3）
社会价值	本次旅游提升了我的个人形象（SOCV1）
	本次旅游拓宽了我的交往范围（SOCV2）
	通过本次旅游我结识了新朋友（SOCV3）
	通过本次旅游我和他人交流了新信息（SOCV4）
成本价值	本次旅游景点门票价格合理（COSV1）
	本次旅游中的旅游商品价格合理（COSV2）
	我觉得本次旅游花费的时间是值得的（COSV3）
	我觉得本次旅游耗费的体力和精力是值得的（COSV4）

3. 调查数据的获取及样本特征

本部分研究内容中的问卷调查选择在哈尔滨市进行，因为哈尔滨市是黑龙江省的省会城市，又是黑龙江省冰雪旅游景区分布较多的地区，是黑龙江省冰雪旅游的核心区域（图 3-2），哈尔滨冰雪大世界、中央大街、圣•索菲亚教堂、太阳岛风景区等著名冰雪旅游景点都坐落于哈尔滨市内。由于哈尔滨冰雪大世界、中央大街和太阳岛风景区等都是著名的冰雪旅游景点，其冰雪旅游资源比较集中，旅游消费者也主要集中在这些地方，因此，问卷调查选择在这几个地方进行。本次问卷调查是在 2017 年 12 月 20 日至 2018 年 1 月 10 日进行的。调查主要采取随机向游客发放问卷并当场回收的形式，问卷发放对象是来哈尔滨进行冰雪旅游的游客。本次调查共发放问卷 350 份，回收有效问卷 295 份，有效回收率为 84.3%。

接受调查的旅游消费者的人口统计学特征表现如表 3-5 所示。由表 3-5 可知，调查样本中男性消费者占 48.8%，女性消费者占 51.2%，女性旅游者略高于男性；25～50 岁年龄段的消费者占比较大；旅游消费者的学历层次较高，大专及本科以上学历占 86.11%；旅游消费者中高收入者居多，月收入介于 3000～7000 元的消费者所占比例最大，为 54.92%；旅游消费者的职业以大学生、公司职员和事业单位人员为主，占全部调查者的 75.59%。总的来看，调查样本的构成比较合理，具有较好的代表性。同时也说明黑龙江省的冰雪旅游对年轻人具有较大的吸引力。

表 3-5　调查样本的人口统计学特征

变量	类别	频数/人	比例/%
性别	男	144	48.80
	女	151	51.20
年龄	18 岁以下	8	2.71
	18～24 岁	42	14.24
	25～40 岁	165	55.93
	41～50 岁	70	23.73
	51～60 岁	6	2.03
	60 岁以上	4	1.36
学历	小学及以下	6	2.03
	初中	11	3.73
	高中或中专	24	8.14
	本科与大专	141	47.80
	研究生	113	38.31
月收入	3000 元以下	33	11.19
	3000～5000 元	80	27.12
	5001～7000 元	82	27.80
	7001～9000 元	51	17.28
	9000 元以上	49	16.61
职业	农民	5	1.69
	大学生	48	16.27
	事业单位人员	78	26.44
	公务员	28	9.49
	公司职员	97	32.88
	个体经营者	15	5.08
	自由职业者	21	7.12
	退休人员	3	1.02

资料来源：根据问卷调查的数据整理而成。

4. 旅游者对冰雪旅游目的地形象感知评价量表检验

首先通过探索性因子的分析来确定旅游消费者对冰雪旅游目的地形象感知评价的具体维度。因子分析前，进行了 KMO（Kaiser-Meyer-Olkin）检验和巴特利特（Bartlett）球度检验，结果显示，KMO 值为 0.953，Bartlett 球度检验显著性概率为 0.000，表明数据适合做因子分析。在进行探索性因子分析时，因子提取采用主成分分析方法，因子旋转采用方差最大正交旋转。有效因子的提取基于特征根大于 1 的原则。如果测量题项的因子载荷量小于 0.4 或题项同时在两个及以上公因子上负荷超过 0.4，则删除这些题项。剔除不符合要求的题项后，得到 4 个特征根大于 1 的因子（表 3-6）。

表 3-6　探索性因子分析结果

因子	题项	因子载荷	特征值	累计解释方差/%	克龙巴赫 α 系数（Cronbach's α coefficient）
冰雪旅游设施形象	高品质的餐厅	0.672	10.573	44.056	0.923
	高品质的住宿条件	0.612			
	购物设施完备	0.763			
	金融服务设施完善	0.725			
	娱乐设施丰富多样	0.568			
冰雪旅游服务形象	康乐氛围好	0.713	1.849	51.762	0.869
	购物方便	0.679			
	接待服务人员素质高	0.708			
	服务水平高	0.700			
冰雪旅游资源形象	自然生态景观丰富	0.734	1.596	58.414	0.861
	民俗文化景观丰富	0.741			
	艺术文化景观丰富	0.691			
	自然景观有特色	0.762			
	人文景观有特色	0.685			
	旅游活动项目丰富	0.602			
冰雪旅游环境形象	旅游市场秩序好	0.663	1.153	63.218	0.826
	旅游接待能力强	0.778			
	旅游目的地干净整洁	0.807			
	商业氛围好	0.804			
	政治环境好	0.777			
	自然环境好	0.714			

如表 3-6 所示，4 个因子解释了总方差的 63.218%。各测量题项的因子载荷在 0.568～0.807，均大于 0.4 的临界标准。各因子的信度系数（克龙巴赫 α 系数，Cronbach's α coefficient）值在 0.826～0.923，高于临界值 0.7，表明每个因子内部测量题项之间具有较好的内部一致性。由于各测量题项在其相关联的变量上的因子载荷值均大于 0.5，交叉测度项的因子载荷没有超过 0.5，因此，该量表具有较好的结构效度。

为了评价测量模型，在探索性因子分析的基础上，还需要进行验证性因子分析。验证性因子分析要求观测变量的数据是正态分布的，故对所有观测题项进行单变量的正态性检验。结果显示，所有变量的偏度和峰度数值均在（–1，+1）以内，因此，观测变量满足验证性因子分析的正态性要求，可以进行验证性因子分析，包括信度检验、效度检验及拟合优度检验。因子分析结果见表 3-7。

表 3-7　验证性因子分析结果

潜变量	显变量	均值	标准化载荷	t 值	CR	AVE
冰雪旅游设施形象感知评价	高品质的餐厅	4.02	0.823	—	0.923	0.666
	高品质的住宿条件	3.77	0.835	17.082***		
	购物设施完备	3.97	0.892	18.902***		
	金融服务设施完善	3.94	0.816	16.501***		
	娱乐设施丰富多样	3.81	0.766	15.066***		
冰雪旅游服务形象感知评价	康乐氛围好	3.52	0.690	—	0.814	0.524
	购物方便	3.82	0.701	10.421***		
	接待服务人员素质高	3.63	0.797	11.502***		
	服务水平高	3.66	0.702	10.427***		
冰雪旅游资源形象感知评价	自然生态景观丰富	3.84	0.627	—	0.848	0.587
	民俗文化景观丰富	4.00	0.694	9.918***		
	艺术文化景观丰富	3.88	0.855	11.478***		
	自然景观有特色	4.21	0.862	11.534***		
	人文景观有特色	3.76	0.740	10.442***		
	旅游活动项目丰富	3.82	0.866	11.545***		
冰雪旅游环境形象感知评价	旅游市场秩序好	3.73	0.705	—	0.798	0.497
	旅游接待能力强	3.58	0.748	11.276***		
	旅游目的地干净整洁	3.76	0.722	10.939***		
	商业氛围好	3.86	0.641	9.820***		
	政治环境好	3.62	0.681	10.324***		
	自然环境好	3.89	0.861	13.104***		

注：t 值列数据上的***代表在 0.1%的显著性水平。

由表 3-7 可知，显变量的标准化因子载荷在 0.627～0.892，满足 0.6 以上的要求，且所有显变量的标准化因子载荷在 0.1%的显著性水平下通过检验。信度检验通常考察潜变量的组合信度（CR）。所有潜变量的组合信度在 0.798～0.923，大于临界值 0.7，表明测量模型具有较好的信度。

效度检验包括聚合效度和区分效度检验，其中，聚合效度是指一个潜变量内部显变量间的相关程度，区分效度是指潜变量间的差别性。聚合效度检验需要考察平均提取方差（AVE）。所有潜变量的 AVE 值在 0.497～0.666，绝大多数高于 0.5 的临界值，表明模型的聚合效度较好。区分效度检验主要考察一个潜变量的 AVE 值的平方根是否大于其与其他潜变量的相关系数。由表 3-8 可知，各潜变量的 AVE 值的平方根大于交叉变量的相关系数，故测量模型的区分效度较好。

表 3-8 潜在变量的相关系数矩阵

潜变量	冰雪旅游设施形象感知评价	冰雪旅游服务形象感知评价	冰雪旅游资源形象感知评价	冰雪旅游环境形象感知评价
冰雪旅游设施形象感知评价	0.816			
冰雪旅游服务形象感知评价	0.632	0.724		
冰雪旅游资源形象感知评价	0.642	0.647	0.766	
冰雪旅游环境形象感知评价	0.664	0.666	0.761	0.705

注：对角线上的数字表示对应的 AVE 的平方根。

整体模型的拟合优度检验结果的 χ^2/df 为 1.441，小于临界值 3。拟合优度指数 GFI（0.933）、调整的拟合优度指数 AGFI（0.911）、递增拟合指数 IFI（0.981）、Tucker-Lewis 指数 TLI（0.977）、比较拟合指数 CFI（0.981）均大于 0.9 的理想值标准。近似误差均方根（RMSEA）为 0.039，小于 0.05 的理想值标准。各项拟合指标均表明测量模型与数据的拟合程度达到理想水平，因此，可以认为此处拟合的模型是一个“好”模型，也说明在测量旅游消费者对黑龙江省冰雪旅游目的地形象的感知评价方面，21 个显变量与 4 个潜变量的设定较为准确。

5. *旅游消费者对冰雪旅游目的地形象的感知程度*

由表 3-7 的分析结果可见，旅游消费者对黑龙江省冰雪旅游目的地形象感知评价的所有测量题项的均值都超过了 3.5，表明旅游消费者对黑龙江省冰雪旅游目的地形象的认可度普遍较高，对旅游目的地的感知评价是正向的、积极的。但是 4 个维度上的具体感知评价水平却存在差异。第一，旅游消费者对黑龙江省冰雪旅游目的地形象的感知评价水平最高的是对冰雪旅游资源形象的感知度（3.92），说明黑龙江省丰富而有特色的冰雪旅游景观资源给广大旅游者留下了深刻的印象，旅游者对此方面的认同度和评价均很高；第二，旅游消费者对冰雪旅游设施形象的感知度（3.90）也较高，表明黑龙江省冰雪旅游的基础设施较好，旅游者对冰雪旅游设施比较满意，对此的认同度和评价较高；第三，旅游消费者对冰雪旅游环境形象的感知度（3.74）和冰雪旅游服务形象的感知度（3.66）较低，表明黑龙江省冰雪旅游目的地的旅游环境和旅游服务较差，未能有效满足旅游者的预期和需求，与旅游者的心理预期尚有一段距离，旅游者对这两方面的认同度和评价值都较低。可以判断，这必将影响旅游者对黑龙江省冰雪旅游的满意度及旅游消费行为以及重游的意愿。

3.3　冰雪旅游目的地形象与旅游消费者感知、满意度及行为意愿的关系

根据 3.2 节中的理论分析及相关的研究假设，这里主要通过实证分析法对上述理论假设进行检验。

3.3.1　测量变量

前文中构建的研究的理论模型（图 3-1）主要包括旅游目的地形象、感知价值、满意度和行为意愿 4 个构面，4 个构面中的冰雪旅游目的地形象及旅游者感知价值的测量题项已经在 3.2 节中列示，这里主要列示旅游者对黑龙江省冰雪旅游满意度及行为意愿的测量题项。

旅游消费者对黑龙江省冰雪旅游满意度（satisfaction，SAT）的测量主要借鉴郭安禧和黄福才（2013）的研究量表，并经适当修改而成，包括 4 个题项，如表 3-9 所示。旅游者对黑龙江省冰雪旅游的行为意愿（behavior intention，BI）的测量主要按照杨妮等（2015）的建议，从重游意愿和推荐意愿两个方面设计题项，共包括 2 个题项，如表 3-10 所示。

表 3-9　旅游消费者对黑龙江省冰雪旅游满意度的测量题项

构面	题项
满意度	来黑龙江进行冰雪旅游是非常明智的
	参与该地的冰雪旅游我感到很愉快
	参与该地的冰雪旅游我感到流连忘返
	参与该地的冰雪旅游我感到满意

表 3-10　旅游消费者对黑龙江省冰雪旅游行为意愿的测量题项

构面	题项
行为意愿	我会故地重游
	我会向亲朋好友推荐黑龙江的冰雪旅游

3.3.2　测量模型及有效性检验

这里主要采用偏最小二乘法结构方程模型（partial least squares-structural equation model，PLS-SEM）进行分析，使用 SmartPLS 软件对研究模型进行分析检验。相较于其他统计分析方法，偏最小二乘法结构方程模型无须评估样本数据是否服从多元正态分布，对样本数据量的要求也较小，且不会产生模型无法辨识的问题（Sarstedt et al.，2014）。

测量模型的有效性主要通过信度和效度的检验来衡量，其中，信度指测量结果的一致性，效度指测量结果的有效性。就信度方面而言，克龙巴赫 α 系数（Cronbach's α coefficient）和组合信度（CR）是评价模型信度的重要指标。由表 3-11 可知，模型所有构面的‘克龙巴赫 α 系数和组合信度（CR）均大于 0.7，符合研究所需的信度标准。

表 3-11　模型的信度与聚合效度的检验结果

构面	题项	因子负荷量（factor loading）	克龙巴赫 α 系数（Cronbach's α coefficient）	组合信度（CR）	平均方差（AVE）
旅游目的地形象（TDI）	FI1～FI5	0.842	0.89	0.92	0.74
	SI1～SI4	0.885			
	RI1～RI6	0.824			
	EI1～EI6	0.899			
消费者感知价值（CPV）	FUNV1～FUNV4	0.880	0.85	0.90	0.69
	COGV1～COGV3	0.837			
	SOCV1～SOCV4	0.778			
	COSV1～COSV4	0.824			
满意度（SAT）	SAT1	0.797	0.89	0.92	0.75
	SAT2	0.894			
	SAT3	0.873			
	SAT4	0.888			
行为意愿（BI）	BI1	0.876	0.72	0.88	0.78
	BI2	0.889			

测量模型的效度指建构效度，主要通过聚合效度和区分效度来衡量。由表 3-11 可知，所有构面的测量题项的因子负荷量（factor loading）都大于 0.6，平均提取方差（AVE）大于 0.5，组合信度（CR）大于 0.7，因此，模型具有良好的聚合效度。区分效度主要检验每个构面的 AVE 值平方根是否大于构面间的相关系数。由表 3-12 可知，各潜变量的 AVE 值的平方根大于交叉变量的相关系数，模型具有较好的区分效度。

表 3-12　构面的各潜变量间的相关系数矩阵

潜变量	旅游目的地形象	消费者感知价值	满意度	行为意愿
旅游目的地形象	**0.860**			
消费者感知价值	0.668	**0.831**		
满意度	0.721	0.658	**0.866**	
行为意愿	0.692	0.664	0.828	**0.883**

注：对角线粗体数值为各潜在构面的 AVE 平方根。

3.3.3　模型分析与结果

结构方程模型的验证结果如表 3-13 和图 3-3 所示，其中，参数值（路径系数）利用 PLS Algorithm 计算得到，显著性检验中的 t 值利用 Bootstrapping 计算得到，重复抽样数为 1000。

表 3-13　模型假设检验的分析结果

假设	路径关系	路径系数 β	t 值	假设检定结果
H1	TDI→CPV	0.668^{***}	13.455	支持
H2	CPV→SAT	0.319^{***}	4.712	支持
H3	SAT→BI	0.624^{***}	12.897	支持
H4	CPV→BI	0.164^{**}	2.925	支持
H5	TDI→SAT	0.507^{***}	6.985	支持
H6	TDI→BI	0.133^{*}	2.274	支持

注：TDI，旅游目的地形象；CPV，消费者感知价值；SAT，满意度；BI，行为意愿。

*表示 $P<0.05$；**表示 $P<0.01$；***表示 $P<0.001$。

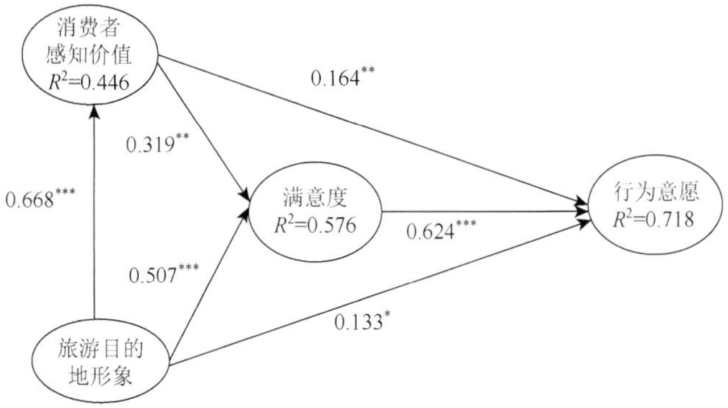

图 3-3　结构方程模型的拟合结果

*表示 $P<0.05$；**表示 $P<0.01$；***表示 $P<0.001$

由图 3-3 可知，消费者感知价值、满意度和行为意愿的 R^2 分别为 0.446、0.576 和 0.718，表明本书中的模型具有较好的预测能力。

由表 3-13 可知，黑龙江省冰雪旅游目的地品牌形象对冰雪旅游消费者的感知价值有显著的正向影响（β=0.668，t=13.455，$P<0.001$），即假设 1（H1）成立；旅游消费者对冰雪旅游目的地品牌形象的感知价值对旅游者的满意度有显著的正向影响（β=0.319，t=4.712，$P<0.001$），即假设 2（H2）成立；旅游消费者对冰雪旅游目的地的满意度对旅游者的行为意愿有显著的正向影响（β=0.624，t=12.897，$P<0.001$），即假设 3（H3）成立；旅游消费者对冰雪旅游目的地品牌形象的感知价值对旅游者的行为意愿有显著的正向影响（β=0.164，t=2.925，$P<0.01$），即假设 4（H4）成立；黑龙江省冰雪旅游目的地品牌形象对旅游消费者满意度有显著的正向影响（β=0.507，t=6.985，$P<0.001$），即假设 5（H5）成立；冰雪旅游目的地品牌形象对旅游消费者的行为意愿也有显著的正向影响（β=0.133，t=2.274，$P<0.05$），即假设 6（H6）成立。

同时，本书利用中介效应检验的 Sobel test、Aroian test 和 Goodman test 方法对旅游者的满意度与旅游者的感知价值是否具有中介效应进行了检验。Mackinnon 等（1995）认为，当 z 值大于 1.96 的绝对值时结果是显著的，即中介效应存在。由表 3-14 可知，旅游者的满意度在冰雪旅游目的地形象与旅游者行为意愿之间具有中介作用，同时，旅游者的满意度在旅游者的感知价值与旅游者的行为意愿之间也具有中介作用；旅游者的感知价值在冰雪旅游目的地形象与旅游者的满意度之间具有中介作用，旅游者的感知价值在冰雪旅游目的地形象与旅游者的行为意愿之间也具有中介作用。

表 3-14　中介效应检验

构面	构面关系	路径系数 T 值	Sobel test's z 值	Aroian test's z 值	Goodman test's z 值
TDI-SAT-BI	TDI-SAT	6.985	6.142***	6.128***	6.156***
	SAT-BI	12.897			
CPV-SAT-BI	CPV-SAT	4.712	4.426***	4.414***	4.438***
	SAT-BI	12.897			
TDI-CPV-SAT	TDI-CPV	13.455	4.447***	4.436***	4.458***
	CPV-SAT	4.712			
TDI-CPV-BI	TDI-CPV	13.455	2.858**	2.851**	2.866**
	CPV-BI	2.925			

注：　**表示 $P<0.01$；***表示 $P<0.001$。

3.3.4　结论与讨论

通过问卷调查对 2017 年 12 月 20 日至 2018 年 1 月 10 日来冰城哈尔滨进行冰雪旅游的旅游者进行随机抽样调查，获取相关数据资料。根据相关理论和文献分析，将冰雪旅游目的地形象、旅游者的感知价值与满意度、旅游者的行为意愿整合到一个理论模型中，并运用偏最小二乘法结构方程模型，检验了这些变量之间的关系及内在相互作用的机理，得出以下研究结论：①冰雪旅游目的地形象对旅游者的感知价值有显著的正向影响，支持了 Kim 等（2013）、王斌（2011）的研究结论。②旅游者对冰雪旅游目的地形象的感知价值对旅游者的满意度有直接的正向影响，丰富了韩春鲜（2015）的研究结论。③旅游者对冰雪旅游目的地形象的满意度对其自身的行为意愿有显著的正向影响，验证了齐先文（2014）、张红梅等（2016）的研究结论。④旅游者对冰雪旅游目的地形象的感知价值对旅游者的行为意愿具有直接的正向影响，同时，旅游者的感知价值又通过旅游者的满意度对旅游者的行为意愿产生间接的正向影响，验证了贾建忠和杨杨（2012）的研究结论。⑤旅游者对冰雪旅游目的地形象的感知价值对旅游者的行为意愿具有直接的正向影响，同时，冰雪旅游目的地形象又分别通过旅游者的满意度和旅游者的感知价值对旅游者的行为意愿产生间接的正向影响，验证并丰富了王斌（2011）的研究结论。由此可见，黑龙江省冰雪旅游目的地形象对旅游者的感知价值、满意度及行为意愿均有直接的正向影响，同时，冰雪旅游目的地形象对旅游者的感知价值、旅游者的满意度及行为意愿之间又具有传递性或中介效应，旅游者对冰雪旅游目的地的感知价值与满意度对旅游者自身行为意愿也产生了显著的正向影响。

作为中国冰雪旅游产业发展的核心区域之一，黑龙江省冰雪旅游产业的可持续发展，要依靠丰富的冰雪自然资源基础和条件，同时，更受到旅游者对冰雪旅游目的地形象感知及满意度等因素的影响。良好的旅游目的地形象及较高的旅游者感知价值和满意度将有助于提升冰雪旅游目的地的吸引力（姜沣珊和贺小荣，2016），促进黑龙江省冰雪旅游产业的健康持续发展。黑龙江省与中国其他省（区、市）相比，具有得天独厚的冰雪旅游的自然资源优势，未来对黑龙江省冰雪旅游产业吸引力的提升和竞争力的增强，应该将重点放在着力提升黑龙江省冰雪旅游目的地的形象及旅游者对旅游目的地的认知感和满意度上。良好的冰雪旅游目的地形象是提升游客满意度、增强他们重游和推荐意愿的关键因素，优化旅游目的地形象是冰雪旅游目的地营销的重要内容。黑龙江省的相关旅游企业和旅游行业管理部门要通过完善冰雪旅游目的地的基础设施建设、提升冰雪旅游景区的服务水平、打造核心吸引物、整顿和维护旅游目的地的市场和环境等措施，去提高旅游者对冰雪旅游目的地形象的感知价值，进而提升旅游者对旅游体验的满意度，增强其重游和推荐的意愿。

3.4 本章小结

冰雪旅游产业属于一种在地型的资源型产业，这类产业在发展中对地理环境、物理空间和场馆设施等物质条件要求较高，对旅游的配套服务及旅游产品中体现的在地文化的价值及内涵要求较高，而这些方面又是提升旅游市场获得性优势的基础。基于相关的理论分析和研究假设，本章首先分析了黑龙江省冰雪旅游目的地的品牌形象状况，然后通过文本分析法和问卷调查法，分析了旅游者对黑龙江省冰雪旅游目的地形象的感知价值，研究表明，旅游者对黑龙江省冰雪旅游目的地整体的形象感知价值较高，特别是冰雪旅游资源和旅游设施方面的感知度都很高，但是对黑龙江省冰雪旅游环境及旅游服务方面的感知价值则较低。最后，基于问卷调查的数据，应用偏最小二乘法结构方程模型，实证检验了冰雪旅游目的地形象与旅游者的感知价值、满意度及行为意愿之间的关系。结果表明：①冰雪旅游目的地形象对旅游者的感知价值有显著的正向影响。②旅游者对冰雪旅游目的地形象的感知价值对旅游者的满意度有直接的正向影响。③旅游者对冰雪旅游目的地形象的满意度对其自身的行为意愿有显著的正向影响。④旅游者对冰雪旅游目的地形象的感知价值对旅游者的行为意愿具有直接的正向影响。⑤旅游者对冰雪旅游目的地形象的感知价值对旅游者的行为意愿具有直接的正向影响。同时冰雪旅游目的地形象又分别通过旅游者的满意度和旅游者的感知价值对旅游者的行为意愿产生间接的正向影响。

第 4 章　基于消费维度的黑龙江省冰雪旅游产业发展研究

旅游消费是伴随旅游活动而发生的，是旅游活动正常进行和旅游产业正常运行的必要条件。随着我国社会经济的发展以及人民生活水平的日益提高，旅游正逐渐成为人民幸福生活的新指标，旅游消费也正成为人们生活消费中的重要组成部分，且所占比重逐渐增加。当前，中国已经进入大众旅游的全新时代，人们的旅游消费需求向着多元化、个性化、品质化和国际化方向发展。2022 年北京冬奥会的成功申办，受“冬奥效应”的影响，以冰雪旅游为核心的冬季旅游产品正在成为人们旅游的新选择，尤其深受下雪较少地区旅游者的钟爱，北京成功申办 2022 年冬奥会也推动了我国冰雪旅游产业的消费升级，因此，黑龙江省冰雪旅游产业的消费空间和消费潜力巨大，应抓住机遇，努力提升产业发展效率。

4.1　冰雪旅游消费规模

2016 年 3 月 7 日，习近平总书记在参加十二届全国人大四次会议黑龙江代表团的审议时指出“绿水青山是金山银山，黑龙江的冰天雪地也是金山银山”。随后，黑龙江省政府及相关部门更加重视对冰雪资源的深度挖掘与开发，也进一步加强对冰雪旅游产业的市场宣传和推广工作，如组织开展旅游推介会、参加中国（国际）旅游品牌节、与电视台合作播放冰雪旅游宣传片、设立每年的 12 月 20 日作为“黑龙江省全民冰雪活动日”、举行“百万青少年上冰雪活动”、建立青少年冰雪训练教育基地、建立哈尔滨冰雪艺术馆、开设《冰雪的游戏》大型电视冰雪真人秀栏目等，通过这些活动，积极进行冰雪旅游产业发展的市场营销，推广冰雪旅游产品，扩大黑龙江省冰雪旅游的知名度，吸引了越来越多的冰雪旅游的消费者，冰雪旅游产业的消费规模逐渐扩大。

中国旅游研究院和途牛旅游网联合发布的《中国冰雪旅游消费大数据报告（2018）》及中国旅游研究院和携程旅行网联合发布的《中国冰雪旅游消费大数据报告（2019）》中的相关数据显示，在 2016～2017 年的冰雪季期间，中国冰雪旅游产业市场消费规模达到了 1.7 亿人次；而在 2017～2018 年的冰雪季期间，中国冰雪旅游产业市场消费规模达到了 1.97 亿人次，冰雪旅游收入约合 3300 亿元，分别比 2016～2017 年的冰雪季增长了 16%、22%，预计到 2021～2022 年的冰雪季期间，中国冰雪旅游人数将达到 3.4 亿人次，冰雪旅游收入将达到 6800 亿元，“带动三亿人参与冰雪运动”的目标将超额完成。按照联合国世界旅游组织的测算，2021～2022 年冰雪季我国冰雪旅游将带动冰雪特色小镇、冰雪文创、冰雪运动、冰雪制造、冰雪度假地、冰雪会展等相关产业的产值达到 2.92 万亿元，冰雪旅游产业具有巨大的投资前景和发展潜力。

黑龙江省作为中国冰雪旅游产业发展的核心区域之一，其冰雪旅游市场的消费规模在近些年呈现出较快的增长趋势。根据黑龙江省旅游发展委员会的相关统计数据，仅 2016 年 11 月 16 日至 12 月 27 日，中国雪乡景区共接待游客 19.9 万人次，同比增长 77.3%，日均接待量达到 3835 人次；哈尔滨冰雪大世界共接待游客 8.69 万人次，同比增长 21.72%，日均接待量 1.24 万人次；哈尔滨太阳岛雪雕博览园景区共接待游客 4.23 万人次，同比增长 38.24%，日均接待量 5288 人次；亚布力滑雪旅游度假区共接待游客 4.98 万人次，同比增长 154.88%，日均接待量 905 人次。根据国家旅游局综合协调司假日处对 2018 年元旦假日旅游市场情况的总结数据，哈尔滨冰雪大世界 2018 年元旦假期期间共接待游客 11.68 万人次，同比增长 13.7%。2018 年元旦假期中，哈尔滨民航进港航班 570 架次，抵达人数 8.0 万人次，同比增长 27.8%。可见，黑龙江省冰雪旅游产业的市场消费规模正呈现明显的日益增长的态势。

4.2 冰雪旅游消费客源地特征

黑龙江省是目前中国冰雪旅游消费者的核心消费区域，省外旅游者更青睐来黑龙江省进行冰雪旅游。根据本书的研究， 2017 年 12 月 20 日至 2018 年 1 月 10 日进行的问卷调查的数据显示，在此期间，黑龙江省外旅游者占本次调查样本总数的 51.74%。根据移动数据观象台（TalkingData）移动数据研究中心和中国冰雪旅游推广联盟共同发布的数据，2016 年，全国冰雪旅游消费者人群主要集中在东北、华北、东部沿海地区这三大核心区域，其中，黑龙江省仍然是中国冰雪旅游消费人群的核心聚集地，黑龙江省冰雪旅游景区客源地基本上覆盖了全国，并以来自东北、华北、华东，以及华南地区的旅游者占据主导，其中北京、天津、上海位居黑龙江省冰雪旅游省外客源城市的前三位（表 4-1），特别是北京市为黑龙江省冰雪景区输送了近一成的游客，是黑龙江省冰雪旅游最大的省外客源地。

表 4-1 黑龙江省冰雪旅游景区省外客源城市排名（前 10 名）

排名	城市	客源数量占比/%
1	北京市	8.82
2	天津市	3.15
3	上海市	2.83

续表

排名	城市	客源数量占比/%
4	深圳市	2.70
5	长春市	2.61
6	杭州市	1.82
7	广州市	1.75
8	沈阳市	1.56
9	南京市	1.44
10	大连市	1.22

资料来源：移动数据观象台（TalkingData），中国冰雪旅游推广联盟，2016 年 2 月数据。

具体来看，在黑龙江省众多的冰雪旅游景区中，游览哈尔滨冰雪大世界的游客数量占比是最大的，其中，客源占比最大的省外城市是北京，其次是深圳、天津、上海、长春等地，如表 4-2 所示。而对黑龙江省亚布力滑雪旅游度假区而言，其最大的省外客源城市则是上海，其次是北京、深圳、南京、广州，如表 4-3 所示。

表 4-2　哈尔滨冰雪大世界景区省外客源城市排名（前 10 名）

排名	城市	客源数量占比/%
1	北京市	10.64
2	深圳市	3.78
3	天津市	3.73
4	上海市	3.42
5	长春市	3.31
6	杭州市	2.45
7	广州市	2.28
8	沈阳市	2.14
9	南京市	1.94
10	大连市	1.62

资料来源：移动数据观象台（TalkingData），中国冰雪旅游推广联盟，2016 年 2 月数据。

表 4-3　亚布力滑雪旅游度假区省外客源城市排名（前 10 名）

排名	城市	客源数量占比/%
1	上海市	11.55
2	北京市	9.21
3	深圳市	4.81

续表

排名	城市	客源数量占比/%
4	南京市	4.23
5	广州市	3.35
6	杭州市	3.14
7	天津市	2.47
8	武汉市	1.70
9	苏州市	1.58
10	长沙市	1.09

资料来源：移动数据观象台（TalkingData），中国冰雪旅游推广联盟，2016 年 2 月数据。

《中国冰雪旅游消费大数据报告（2019）》中的相关数据显示，上海、广州、深圳、杭州、南京、北京、长春、合肥、厦门、西安成为黑龙江省雪乡旅游目的地十大省外客源城市。其中，长三角、珠三角地区的游客较踊跃，相关数据显示，雪乡的别致风景对南方游客有更大的吸引力。

4.3 冰雪旅游消费者人口特征

根据实际调查数据及相关的统计数据，近年来，黑龙江省冰雪旅游消费者的人口特征不断呈现出一些新的变化趋势。

（1）女性参与冰雪旅游的比例逐渐高于男性。就旅游者的性别来看，参与冰雪旅游的旅游者中，女性旅游者所占比例呈现增加的态势，明显高于男性旅游者。根据移动数据观象台（TalkingData）和中国冰雪旅游推广联盟共同发布的数据，2016 年 1～2 月的全国冰雪旅游消费人群中，男性旅游者（占 55.75%）略高于女性旅游者（占 44.25%），然而，根据中国旅游研究院和途牛旅游网联合发布的《中国冰雪旅游消费大数据报告（2018）》中的相关数据，2016 年 11 月至 2017 年 4 月，国内参与冰雪旅游的旅游者中，女性旅游者占比则上升到 61%，男性旅游者则下降到 39%。黑龙江省冰雪旅游消费者中的性别比例基本上是符合全国特征的，本书研究中于 2017 年 12 月 20 日至 2018 年 1 月 10 日进行的问卷调查的数据显示，此期间，参与黑龙江省冰雪旅游的旅游者中，女性旅游者占调查样本总数的 51.20%，男性旅游者占调查样本总数的 48.80%，女性旅游者的比例略高于男性旅游者。

（2）冰雪旅游的旅游者呈现年轻化的态势。从冰雪旅游的旅游者年龄构成来看，中国旅游研究院和途牛旅游网联合发布的《中国冰雪旅游消费大数据报告（2018）》中的相关数据显示，2017 年 11 月至 2018 年 4 月，国内参与冰雪旅游的旅游者中，小于 18 岁的旅游者占 14%，18～30 岁的旅游者占 29%，30～60 岁的旅游者占 48%，60 岁以上的旅游者占 9%。由此可知，30～60 岁的群体是冰雪旅游者的主力军，这与冰雪旅游消费较高密切相关。此外，总体上看，青少年旅游者占据冰雪旅游消费者将近一半的比例，30 岁以下游客总共占比为 43%。黑龙江省冰雪旅游的旅游者的年龄结构也符合全国的特征，根据本研究中于 2017 年 12 月 20 日至 2018 年 1 月 10 日进行的问卷调查的数据，此期间，参与黑龙江省冰雪旅游的旅游者中，18～24 岁的旅游者占 14.24%，25～40 岁的旅游者占 55.93%，41～60 岁的旅游者占 25.76%，如表 4-4 所示。由表可见，黑龙江省冰雪旅游的旅游者的年龄已经呈现出年轻化的态势，18～40 岁的年轻人占冰雪旅游消费者群体的 70.17%。可见，年轻人已经成为冰雪旅游消费的重要主体，这与冰雪旅游的刺激性、冒险性有很大的关系。

表 4-4　黑龙江省冰雪旅游消费者的年龄结构

变量类别	频数/人	所占比例/%
A.18 岁以下	8	2.71
B.18～24 岁	42	14.24
C.25～40 岁	165	55.93
D.41～50 岁	70	23.73
E.51～60 岁	6	2.03
F.60 岁以上	4	1.36

资料来源：根据问卷调查的数据整理而成。

（3）冰雪旅游消费者以高学历和中高收入者为主。根据本书的研究中于 2017 年 12 月 20 日至 2018 年 1 月 10 日进行的问卷调查的数据，此期间，参与黑龙江省冰雪旅游的旅游者中，高学历的旅游者占绝大多数，如表 4-5 所示，大专及以上学历的旅游者占调查样本总数的 86.11%，其中，拥有本科与大专学历的旅游者占调查样本总数的 47.80%，拥有研究生学历的旅游者占调查样本总数的 38.31%。可见，冰雪旅游对高学历的人群具有较大的吸引力。

表 4-5　黑龙江省冰雪旅游消费者的学历结构

变量类别	频数/人	所占比例/%
A.小学及以下	6	2.03
B.初中	11	3.73
C.高中或中专	24	8.14
D.本科与大专	141	47.80
E.研究生	113	38.31

资料来源：根据问卷调查的数据整理而成。

同时，问卷调查的数据还显示，2017 年 12 月 20 日至 2018 年 1 月 10 日，来黑龙江省进行冰雪旅游的旅游者中，中高收入者占主体，如表 4-6 所示。

表 4-6 黑龙江省冰雪旅游消费者的收入结构

变量类别	频数/人	所占比例/%
A.3000 元以下	33	11.19
B.3000～5000 元	80	27.12
C.5001～7000 元	82	27.80
D.7001～9000 元	51	17.28
E.9000 元以上	49	16.61

资料来源：根据问卷调查的数据整理而成。

由表 4-6 可知，收入在 5000 元以上的旅游者占调查样本总数的 61.69%，其中收入在 5001～9000 元的旅游者占调查样本总数的 45.08%。同时，调查中当问及游客“冰雪旅游过程中可以接受的每人每天的合理费用开销是多少”时，有 67.01%的旅游者选择 300～700 元。可见，旅游者对冰雪旅游的高消费成本有一定的认知。冰雪旅游消费成本较高，特别是像滑雪旅游，需要一些特殊的装备，其消费成本比一般的观光式的冰雪旅游的成本还要高，要求旅游者具有一定的经济实力。同时，根据中国旅游研究院的相关调查数据，冰雪旅游已经成为一种高消费旅游的新业态，2016～2017 年的冰雪季，我国冰雪旅游人均花费 1577.2 元，人均停留天数为 2.6 天，相比之下，2016 年全国国内旅游人均花费 888.2 元，我国冰雪旅游人均消费金额是国内旅游人均花费的 1.78 倍。作为一种高端消费的旅游产业，未来黑龙江省冰雪旅游产业必须要向高品质、优质化的方向发展，为此需要不断深入挖掘高品质的、具有文化内涵的冰雪旅游产品和项目，提升冰雪旅游管理和服务的品质，以吸引更多的旅游者。

（4）大学生及企事业单位人员是冰雪旅游的主要消费者。问卷调查的数据还显示，2017 年 12 月 20 日至 2018 年 1 月 10 日，来黑龙江省进行冰雪旅游的旅游者中，大学生和事业单位人员以及公司职员占调查样本的绝大多数，如表 4-7 所示。

表 4-7 黑龙江省冰雪旅游消费者的职业结构

变量类别	频数/人	所占比例/%
A.农民	5	1.69
B.大学生	48	16.27

续表

变量类别	频数/人	所占比例/%
C.事业单位人员	78	26.44
D.公务员	28	9.49
E.公司职员	97	32.88
F.个体经营者	15	5.08
G.自由职业者	21	7.12
H.退休人员	3	1.02

资料来源：根据问卷调查的数据整理而成。由于四舍五入，所占比例之和可能不为 100%。

由表 4-7 可知，2017 年 12 月 20 日至 2018 年 1 月 10 日，来黑龙江省进行冰雪旅游的旅游者中，大学生、事业单位人员和公司职员占调查样本总数的 75.59%，其中，公司职员的占比是最高的，占调查样本总数的 32.88%，其次是事业单位人员，占调查样本总数的 26.44%，大学生占调查样本总数的 16.27%。这也与前面分析的冰雪旅游消费者的收入结构和学历结构相符合。同时也说明，黑龙江省冰雪旅游消费市场还有很大的空间可以拓展，为此，需要不断调整和完善冰雪旅游的产品结构和产业结构，加大市场宣传和推广，以吸引更多潜在的旅游消费者。

4.4　冰雪旅游者的旅游消费偏好

消费偏好是反映消费者对不同产品和服务的喜好程度的个性化偏好，是影响市场需求的一个重要因素。旅游消费偏好是指潜在的或者现实的旅游者对某一种旅游产品和旅游目的地所表现出来的，以认知因素为主导的，具有情感和意向成分的心理倾向（白凯和马耀峰，2007）。旅游消费偏好对旅游者的旅游行为具有很大的引导作用，可以直接体现或者影响旅游者的旅游消费行为。

4.4.1　冰雪旅游消费动机选择偏好

消费动机能推动消费者从事购买商品的欲望。在欲望的推动下，消费者才会进行购买，它是消费者消费行为的内在动力。旅游动机是旅游者进行实际旅游消费行为的主观条件和内心欲望。问卷调查的数据显示，有 71.94%的旅游者出于休闲度假、放松身心的动机而进行冰雪旅游，如图 4-1 所示。

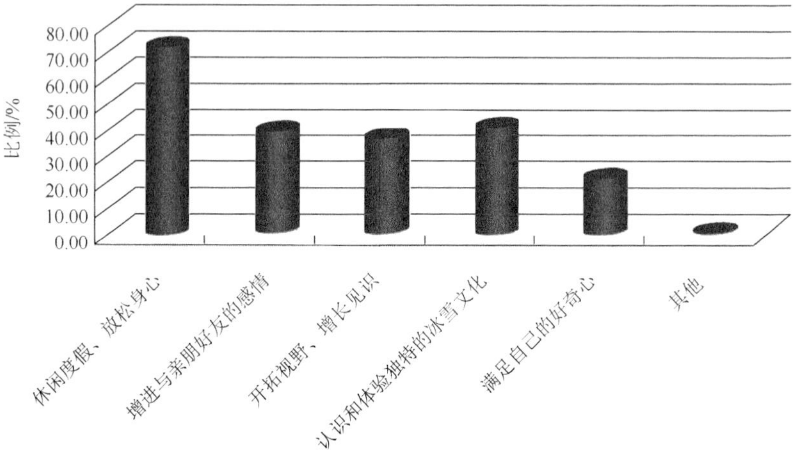

图 4-1　冰雪旅游者的旅游消费动机偏好

资料来源：根据问卷调查的数据整理而成

从图 4-1 可见，有 41.01%的旅游者消费冰雪旅游产品的主要动机是认识和体验独特的冰雪文化；有 38.85%的旅游者消费冰雪旅游产品的主要动机是增进与亲朋好友的感情；为开阔视野、增长见识而消费冰雪旅游的旅游者占 36.69%；为满足自己的好奇心而消费冰雪旅游产品的旅游者占 21.58%。可见，绝大多数冰雪旅游者消费冰雪旅游产品的主要目的是休闲度假、放松身心。同时调查数据还显示，认识和体验独特的冰雪文化正日益成为旅游者选择冰雪旅游的主要目的之一。为此，黑龙江省冰雪旅游产业的发展过程中，必须要充分挖掘独特的冰雪文化资源，开发设计有特色、有历史、有内涵的冰雪旅游产品，以吸引更多的旅游者，并努力使旅游者在感知冰雪文化独特价值的同时，能积极进行传播，进而推动冰雪旅游产业向更高阶段演进。

4.4.2　旅游信息获取渠道偏好

旅游者做出具体旅游行为选择的前提条件是对旅游的预先认知及对旅游相关信息的获取。根据问卷调查的数据，在所调查的冰雪旅游消费者中，有 70.49%的人了解冰雪旅游，其中非常了解和比较了解的旅游者占所调查样本的 28%。调查数据还显示，电视、广播与网络渠道已经成为旅游者了解并获取冰雪旅游相关信息的主要渠道，其中，通过网络获取冰雪旅游信息的占 65.63%，通过电视、广播获取冰雪旅游信息的占 59.72%，通过报纸或书刊渠道获取冰雪旅游信息的占 31.94%，如图 4-2 所示。

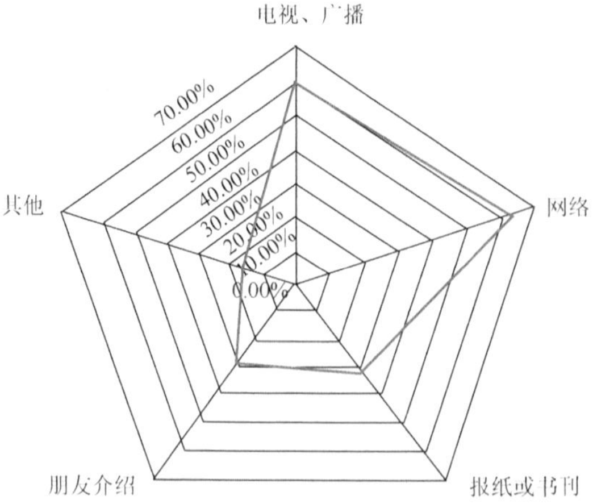

图 4-2　旅游者获取冰雪旅游信息的主要渠道选择

资料来源：根据问卷调查的数据整理而成

人民网舆情监测室 2017 年的调查数据也显示，2013 年以来，冰雪旅游媒体报道量和自媒体信息度持续走高，如图 4-3 所示，冰雪旅游的整体舆情热度呈现全面攀升的态势，为冰雪旅游产业的发展营造了良好的舆论基础和市场空间。可见，黑龙江省冰雪旅游产业消费市场的扩大应该更多地利用网络、电视等媒体平台，进行广泛的宣传，以吸引更多消费者。

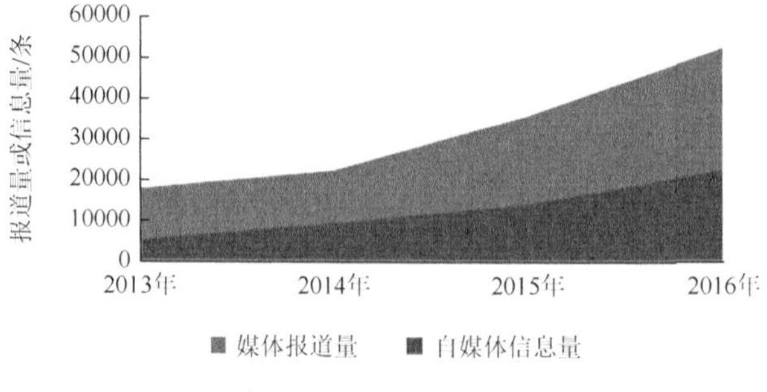

图 4-3　冰雪旅游媒体报道量与自媒体信息量变化趋势

资料来源：2017 年人民网舆情监测室数据

4.4.3　旅游产品选择偏好

中国旅游研究院和途牛旅游网联合发布的《中国冰雪旅游消费大数据报告（2018）》中的相关数据显示，冰雪观光成为冰雪旅游的主要消费产品类型，冰雪观光人数占我国国内冰雪旅游总人数的 72.4%。滑雪休闲度假游客占我国国内冰雪旅游总人数的 27.6%。

本书中的问卷调查数据也显示，以冰灯、雪雕为主的冰雪观光型旅游产品成为黑龙江省冰雪旅游者的主要消费产品选择。从被调查者在黑龙江省到过的旅游景区和消费过的冰雪旅游产品来看，选择去哈尔滨冰雪大世界的旅游者占被调查者的 82.01%，去哈尔滨太阳岛雪雕博览园的旅游者占 57.55%，去中国雪乡的旅游者占 53.96%，去哈尔滨兆麟公园冰灯游园会的旅游者占 26.62%，而选择去亚布力滑雪旅游度假区的旅游者只占 33.81%（图 4-4）。

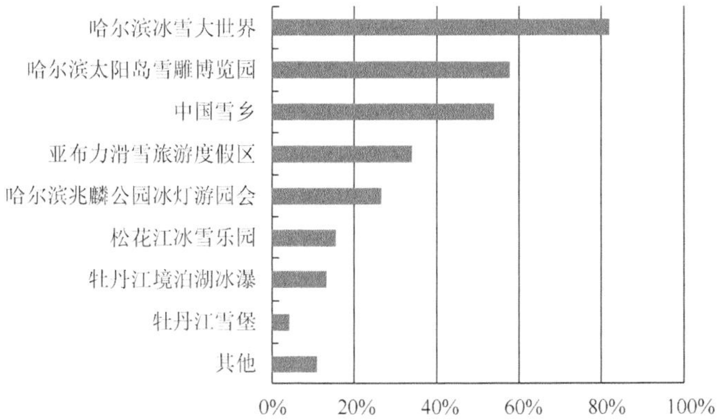

图 4-4　旅游者对冰雪旅游产品消费的选择偏好

资料来源：根据问卷调查的数据整理而成

由图 4-4 可知，旅游者对黑龙江省冰雪旅游产品的消费选择更偏好于冰雪观光游览型产品，这与旅游者以休闲度假、放松身心的目的参与冰雪旅游的动机也是相吻合的。调查中，当问及旅游者“提到黑龙江省的冰雪旅游，您首先想到去哪里”时，有 58.74%的旅游者回答首先选择去哈尔滨冰雪大世界观看冰灯，其次是选择去中国雪乡。

旅游者对冰雪旅游产品选择的偏好也说明了冰雪旅游产品的消费存在不均衡性，这与冰雪旅游不同景区的主导功能类型有很大关系。哈尔滨冰雪大世界、哈尔滨太阳岛雪雕博览园等景区都是利用冰雪自然资源，融入科技、文化与艺术建造而成的冰灯、雪雕等具有艺术、观光游览型的景观，对于以休闲度假、放松身心为旅游目的的旅游者便具有较大的吸引力。而像亚布力滑雪旅游度假区的主导功能则是以滑雪运动体验度假为主，与哈尔滨冰雪大世界等景区相比更加专注于冰雪运动的体验。滑雪运动的专业性要求较高，其危险性也较冰雪观光旅游要大，这可能是旅游者对滑雪体验性旅游产品选择偏好不高的主要原因。另外，我国滑雪运动的不普及以及滑雪场馆建设的质量等因素也会影响旅游者对滑雪旅游体验性产品的选择。根据《中国滑雪产业白皮书（2015年度报告）》中的相关数据，2015年，中国滑雪人次达到了1250万，乐观估计到2022年，全国滑雪人口可能达到2000万～2400万，基本上达到了滑雪人口2%的渗透率。可见滑雪运动在我国的普及率不高，滑雪旅游还有很大的开发空间和发展潜力。根据Vanat（2015）发布的2015 *International Report on Snow & Mountain Tourism：Overview of the Key Industry Figures for Ski Resorts*报告中的相关数据，2015年，在中国的568家滑雪场中，大部分滑雪场是面对初学者的旅游体验型、城郊学习型滑雪场，仅有20家滑雪场比较接近西方的标准，但很多没有食宿设施，仅有有限的几家雪场能够称得上是真正的滑雪度假胜地。《2016中国滑雪产业白皮书》的数据显示，2016年，全国滑雪场的数量增加到646家，滑雪人次达1510万。80%的滑雪人次为一次性体验旅游人群。旅游体验型、城郊学习型和目的地休闲度假型三大类滑雪场分别占全国滑雪场总数的75%、22%和3%。黑龙江省是全国滑雪场数量最多的省区市，未来在促进冰雪旅游产业发展效率提升的过程中，应该加强休闲度假型滑雪旅游度假区的建设，以进一步拓展滑雪旅游市场的消费空间。

4.4.4　旅游方式选择偏好

来黑龙江省进行冰雪旅游的旅游者，绝大多数愿意选择乘坐飞机出行，并且以自助游的方式，特别是家庭自助游的方式为主要旅游方式。根据问卷调查的数据，在出游交通方式的选择上，绝大多数旅游者都愿意选择乘飞机出游，占被调查样本总数的73.27%，在旅游方式的选择上，选择自助游的旅游者占被调查样本总数的62.73%，选择参加旅行团的旅游者占被调查样本总数的27.91%，可见，自助游的旅游方式越来越受到旅游者的青睐，这与旅游者年龄上的年轻化特征以及各种旅游移动网络客户端的普及应用有很大的关系。同时，问卷调查的数据还显示，绝大多数的旅游者选择与家人或朋友一起进行冰雪旅游，占被调查样本总数的77.70%，其中选择与家人一起旅游的旅游者占被调查样本总数的48.2%，选择与朋友一起旅游的旅游者占被调查样本总数的29.5%；选择与同学或者同事一起旅游的旅游者占被调查样本总数的18.71%。中国旅游研究院和途牛旅游网联合发布的《中国冰雪旅游消费大数据报告（2018）》中的相关数据也显示，2016年11月至2017年4月，情侣游、家庭游的人次及出游总人次分别占全国冰雪旅游游客的17%、37%，可见，家庭游、情侣游将会越来越占据冰雪旅游市场的较大份额，黑龙江省冰雪旅游产业未来的发展中，应该更多基于消费者的这一选择偏好，开发更多的适合家庭游、情侣游的产品和项目以及对相关环境、设施进行投资建设。

4.4.5　旅游消费频率选择偏好

旅游消费频率的选择决定了旅游者是否能再次重游的决策。根据问卷调查的数据，被调查者中有 43.17%的旅游者认为一定会再次选择来黑龙江省进行冰雪旅游，如图 4-5 所示。有 33.81%的被调查者认为可能会再次选择来黑龙江省进行冰雪旅游，选择一定不会再来黑龙江省进行冰雪旅游的旅游者只占被调查者的 2.88%。

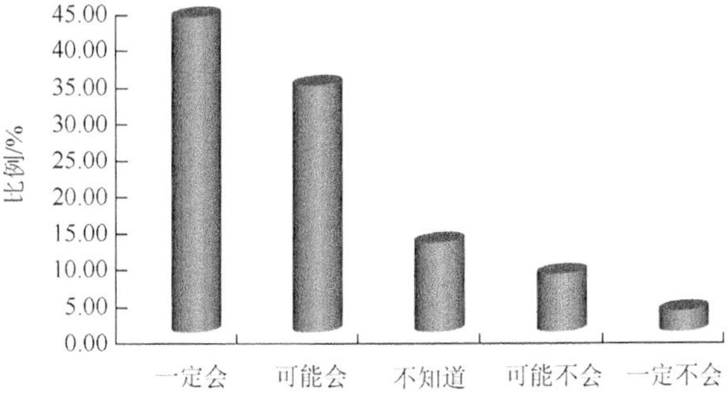

图 4-5　冰雪旅游者重游的选择偏好

资料来源：根据问卷调查的数据整理而成

选择再次来黑龙江省进行冰雪旅游的旅游者中，其冰雪旅游消费的频率选择偏好却不高，因为这些旅游者中选择每年消费一次冰雪旅游产品的人占比很少，而选择多年消费一次冰雪旅游产品的旅游者占比则较高，如图 4-6 所示。

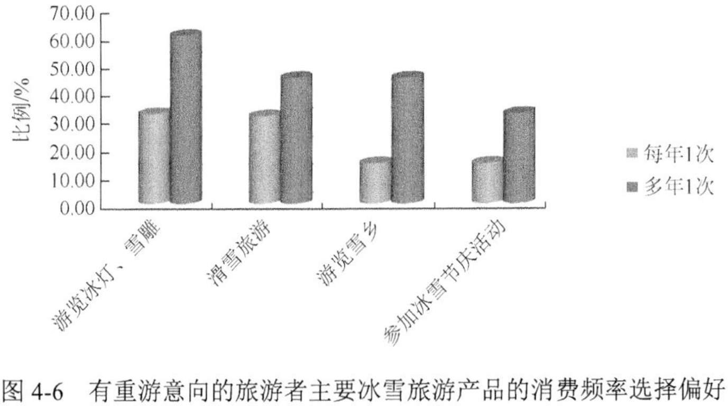

图 4-6　有重游意向的旅游者主要冰雪旅游产品的消费频率选择偏好

从图 4-6 可知，有重游意向的旅游者中，只有 32.26%的旅游者选择每年去一次哈尔滨冰雪大世界和太阳岛雪雕博览园观看冰灯和雪雕，而选择多年去一次的旅游者则占 60.48%；只有 14.52%旅游者会选择每年去一次雪乡，而选择多年去一次雪乡的旅游者占 45.16%；有 31.45%的旅游者会选择每年去一次亚布力滑雪旅游度假区，而选择多年去一次的旅游者则占 45.16%。旅游者的旅游消费频率在某种程度上影响着旅游产业的可持续发展以及旅游目的地的持续吸引力。总体上看，黑龙江省冰雪旅游中旅游者重游的消费频率不高，未来应该采取多种措施增加旅游目的地的持续吸引力。

4.5　冰雪旅游者消费偏好选择的影响因素

本节以旅游者对冰雪旅游核心旅游产品的消费为出发点，以旅游者进行不同类别冰雪旅游产品的消费选择过程为分析对象，通过第 3 章中所用问卷调查的数据，选取消费者的个体特征（性别、年龄、学历）、消费能力（收入）、消费认知与经历（了解程度、兴趣程度、旅游经历）为解释变量，重点分析以下两方面问题：①确定冰雪旅游消费者做出消费决策的影响因素；②基于影响因素，进一步分类测算影响黑龙江省冰雪旅游消费者选择不同类别冰雪旅游产品的显著性因素。

4.5.1　冰雪旅游者消费意向选择的影响因素

1. 研究假设

（1）旅游者个体特征对冰雪旅游消费决策选择的影响。基于问卷调查的数据，这里主要选取旅游者的性别、年龄、学历三个维度构成其个体特征，男性旅游者在冰雪旅游过程中倾向于选择刺激性、冒险性的旅游项目，女性旅游者则重视冰雪旅游过程带来的情感体验、消费体验等。冰雪旅游特有的气候性、危险性也决定了其消费主体为年轻化的人口消费特征，而学历越高的消费者越注重旅游产品的质量与感官体验，再基于前述的描述性分析，提出本小节研究的假设如下。

假设 1：女性旅游者更愿意购买冰雪旅游产品。

假设 2：年轻的旅游者更倾向于购买冰雪旅游产品。

假设 3：高学历的旅游者更倾向于购买冰雪旅游产品。

（2）消费能力对旅游者消费决策选择的影响。旅游者在旅游过程中的消费行为一方面取决于旅游者的消费意愿；另一方面旅游者所具备的消费能力高低也决定了其旅游消费行为的实施与否。高收入的旅游者拥有更强的消费能力，其做出消费决策的概率也更高大，因此提出如下研究假设。

假设 4：高收入的旅游者更倾向于购买冰雪旅游产品。

（3）消费认知与经历对旅游者消费决策选择的影响。旅游者做出具体旅游行为选择的前提条件是对旅游的预先认知。预先认知包括了消费者对旅游项目的了解程度和兴趣程度，以及旅游者之前的旅游经历。对旅游产品的了解程度与兴趣程度越高深，旅游经历越丰富的旅游者做出购买旅游产品的概率就越大。因此提出如下研究假设。

假设 5：旅游者对冰雪旅游的了解程度越高深倾向于购买冰雪旅游产品。

假设 6：旅游者对冰雪旅游的兴趣程度越高深倾向于购买冰雪旅游产品。

假设 7：拥有冰雪旅游经历的旅游者更倾向于购买冰雪旅游产品。

2. 变量的选取

将可能影响旅游者消费意愿的因素归为三个维度，即旅游者的个体特征、旅游者的消费能力、旅游者的消费认知与经历。从中选择 7 个影响因素作为解释变量，是否愿意消费冰雪旅游产品作为因变量。自变量与因变量的定义、赋值及统计特征见表 4-8。

表 4-8　旅游者的冰雪旅游消费意愿影响因素的样本特征

变量	变量含义	特征样本赋值	样本数目	比例/%
*X*1	性别	0=女	151	51.2
		1=男	144	48.8
*X*2	年龄	1=18 岁以下	8	2.71
		2=18～24 岁	42	14.24
		3=25～40 岁	165	55.93
		4=41～50 岁	70	23.73
		5=51～60 岁	6	2.03
		6=60 岁以上	4	1.36
*X*3	学历	1=小学及以下	6	2.03
		2=初中	11	3.73
		3=高中或中专	24	8.14
		4=本科与大专	141	47.80
		5=研究生	113	38.31
*X*4	收入	1=3000 元/月以下	33	11.19
		2=3000～5000 元/月	80	27.12
		3=5001～7000 元/月	82	27.80
		4=7001～9000 元/月	51	17.28
		5=9000 元/月以上	49	16.61

续表

变量	变量含义	特征样本赋值	样本数目	比例/%
X5	对冰雪旅游的了解程度	1=不了解	30	10.2
		2=不太了解	57	19.3
		3=一般	126	42.7
		4=比较了解	60	20.3
		5=非常了解	22	7.5
X6	对冰雪旅游的兴趣程度	1=不感兴趣	7	2.4
		2=不太感兴趣	14	4.7
		3=一般	114	38.6
		4=比较感兴趣	120	40.7
		5=非常感兴趣	40	13.6
X7	是否具有冰雪旅游经历	0=没有	156	52.9
		1=有	139	47.1
Y1	消费意愿	0=没有	131	44.4
		1=有	164	55.6

资料来源：根据问卷调查数据整理而成。比例列为四舍五入数值，各项比例之和可能不全为 100%。

3. 研究方法

这里主要通过二元选择模型进行分析。实际生活中，人们经常遇到二元选择问题。假设有一个未被观察到的潜变量 y_i^*，它与 x_i 之间具有线性关系，即

$$y_i^* = x_i\beta + u_i^*$$

式中，x_i 为可选择的方案；β 为偏回归系数；u_i^* 为扰动项。y_i 和 y_i^* 的关系如下：

$$y_i = \begin{cases} 1 & y_i^* > 0 \\ 0 & y_i^* \leqslant 0 \end{cases}$$

y_i^* 大于临界值 0 时，$y_i = 1$；小于等于 0 时，$y_i = 0$。

$$P(y_i = 1 \mid x_i, \beta) = P(y_i^* > 0) = P(u_i^* > -x_i\beta) = 1 - F(-x_i\beta)$$
$$P(y_i = 0 \mid x_i, \beta) = P(y_i^* \leqslant 0) = P(u_i^* \leqslant -x_i\beta) = F(-x_i\beta)$$

式中，F 为 u_i^* 的分布函数，要求它是一个连续函数，并且是单调递增的。因此，原始的回归模型可以看成如下的一个回归模型：$y_i = 1 - F(-x_i\beta) + u_i$，即 y_i 关于它的条件均值的一个回归。

根据分布函数 F 的不同，二元选择模型可以有不同的类型。本书选择 Probit 模型，即将 F 定义为标准正态分布函数，即

$$P(Y_i=1\mid X_i)=\Phi(X_i'\beta)=\int_{-\infty}^{X_i'\beta}\frac{1}{\sqrt{2\pi}}\exp\left(-\frac{z^2}{2}\right)\mathrm{d}z$$

$\Phi(X_i'\beta)$ 会把概率取值限定在 0～1。

4. 运算结果与分析

运用 EViews 9.0 软件进行数据处理，得到如表 4-9 的统计结果。

表 4-9 统计结果

变量	系数	标准差	z 统计量	P 值
性别 X1	−0.061759	0.187173	−0.329955	0.7414
年龄 X2	0.035652	0.120101	0.296849	0.7666
学历 X3	0.35101	0.117283	2.992856	0.0028
收入 X4	0.136438	0.077754	1.754749	0.0793
对冰雪旅游的了解程度 X5	0.47865	0.110874	4.31705	0
对冰雪旅游的兴趣程度 X6	−0.076003	0.118778	−0.639872	0.5223
是否具有冰雪旅游经历 X7	1.467186	0.201223	7.291361	0
C	−3.563206	0.804691	−4.428045	0
LR Statistic	157.0061	Avg. log Likelihood		−0.420765
Prob（LR Statistic）	0			
Obs with Dep=0	131	Total Obs		295
Obs with Dep=1	164			

注：LR Statistic 为 LR 统计量，Prob（LR Statistic）为 LR 统计的伴随概率，Obs with Dep 为读取数据的行数，Avg. log Likelihood 为对数似然函数值，Total Obs 为读取数据的总行数。

使用似然比（likelihood ratio，LR）统计量检验模型的整体显著性。LR 检验的原假设是：除常数项以外的所有解释变量系数都为零。运算结果对应的 LR Statistic 值为 157.0061，Prob（LR Statistic）为 0，说明拒绝了原假设，即模型整体是显著的。

通过 EViews 9.0 软件，采用 Hosmer-Lemeshow（H-L）检验模型的拟合优度。原假设为拟合完全充分，检验的思路是通过分组比较拟合值和实际值，如果这种差异很大，就可认为模型拟合不充分。结果显示，H-L Statistic 值为 6.9376，卡方检验的伴随概率 Prob.Chi-Sq（8）值为 0.5434，从伴随概率 0.5434 来看，不能拒绝原假设，即认为模型具有较好的拟合度。

由上面的分析可知，模型通过了显著性检验与拟合优度检验，运算结果可以作为判断冰雪旅游者进行冰雪旅游消费意向选择时的影响因素。

分析显示，在 10%的显著水平下，学历（X3）、月收入（X4）、对冰雪旅游的了解程度（X5）、是否具有冰雪旅游经历（X7）均通过了显著性指标检测，是决定旅游者消费冰雪旅游意向选择的影响因素，对应的系数分别为 0.351、0.136、0.478、1.467。而性别（X1）、年龄（X2）、对冰雪旅游的兴趣程度（X6）这三个变量对旅游者消费冰雪旅游意向选择的影响没有通过显著性测试，所以，这三个变量不是旅游者消费冰雪旅游意向的影响因素。从上面的分析可以看出，旅游者的学历、月收入、对冰雪旅游的了解程度与冰雪旅游的经历影响旅游者进行冰雪旅游消费意向的选择，且均为正向影响，故假设 3、假设 4、假设 5、假设 7 成立，而假设 1、假设 2、假设 6 不成立。

4.5.2　旅游者选择不同类别冰雪旅游产品的影响因素

为进一步分析旅游者在冰雪旅游中对不同类别冰雪旅游产品消费偏好选择的显著影响因素，根据前面的文本分析结果，主要选取哈尔滨冰雪大世界、哈尔滨太阳岛雪雕博览园、哈尔滨兆麟公园冰灯游园会、中国雪乡、牡丹江雪堡、松花江冰雪乐园、亚布力滑雪旅游度假区、牡丹江镜泊湖冰瀑作为核心冰雪旅游产品，根据上文分析得出的影响旅游者消费意向选择的因素，以是否消费了某类冰雪旅游产品为被解释变量，以旅游者的学历、月收入、对冰雪旅游的了解程度为解释变量（凡是进行了消费的旅游者必定拥有旅游经历，因此去除旅游经历这一影响因素），构建上述八类核心冰雪旅游产品的二元选择模型。各模型对应的显著指标与其相应的统计值见表 4-10。

表 4-10　旅游者核心冰雪旅游产品消费偏好选择的影响因素

核心冰雪旅游产品	显著指标	系数值	z 统计量概率值	LR Statistic 值	P 值
哈尔滨冰雪大世界	月收入	0.184	0.089	25.755	0.000
	了解程度	0.677	0.000		
哈尔滨太阳岛雪雕博览园	了解程度	0.291	0.018	5.972	0.013
哈尔滨兆麟公园冰灯游园会	了解程度	0.281	0.023	6.110	0.006
中国雪乡	了解程度	0.270	0.043	4.404	0.021
牡丹江雪堡	了解程度	0.487	0.076	4.375	0.024
松花江冰雪乐园	了解程度	0.645	0.004	11.879	0.008
亚布力滑雪旅游度假区	学历	0.358	0.046	7.657	0.054
	了解程度	0.240	0.066		
牡丹江镜泊湖冰瀑	了解程度	0.416	0.030	6.761	0.080

由表 4-10 可知，旅游者对冰雪旅游产品的了解程度是影响旅游者进行各类别冰雪旅游产品选择时的首要因素。旅游者越是了解相应的冰雪旅游产品情况，进行对应产品消费的可能性就越大。需要注意的是，在哈尔滨冰雪大世界与亚布力滑雪旅游度假区的产品选择上，旅游者的收入与旅游者的学历也分别成为其显著的影响因素。消费者对八类核心冰雪旅游产品选择的影响因素的显著性指标对应系数均为正数，即均为正向影响。由此可见，进行积极的旅游宣传和推广，对吸引旅游者进行冰雪旅游产品的消费具有很好的刺激作用。

受了解程度这一指标的影响，旅游者对上述八类核心冰雪旅游产品选择偏好的排名依次为：哈尔滨冰雪大世界、松花江冰雪乐园、牡丹江雪堡、牡丹江镜泊湖冰瀑、哈尔滨太阳岛雪雕博览园、哈尔滨兆麟公园冰灯游园会、中国雪乡、亚布力滑雪旅游度假区，说明哈尔滨冰雪大世界是最受旅游者欢迎的核心冰雪旅游产品，也进一步验证了前面所述的“观光游览型的冰雪旅游产品，对消费者最具有吸引力”。未来黑龙江省应进一步强化对这一核心冰雪旅游产品的建设、管理、运营，进一步强化其品牌效应，尤其要突出冰雪文化的内蕴力。

4.5.3 研究结论

（1）旅游者的学历、月收入、对冰雪旅游的了解程度与冰雪旅游经历等因素对旅游者的冰雪旅游产品消费意向选择具有显著的正向影响。旅游者的性别、年龄、对冰雪旅游产品的兴趣程度等因素对旅游者的冰雪旅游产品消费意向选择的影响不显著。这表明，高学历的旅游者更倾向于购买冰雪旅游产品、高收入的旅游者更倾向于购买冰雪旅游产品、对冰雪旅游了解程度越深的旅游者越倾向于购买冰雪旅游产品、拥有冰雪旅游经历的旅游者更倾向于购买冰雪旅游产品。而旅游者的性别与年龄结构并不会对其冰雪旅游的消费意向产生显著的影响，相较于对冰雪旅游的兴趣程度，对冰雪旅游项目的真实了解程度与冰雪旅游的实际经历，才是旅游者决定是否进行冰雪旅游消费的关键因素。

（2）旅游者对不同冰雪旅游产品消费选择的影响因素基本相同，即都是受旅游者对冰雪旅游产品的了解程度的影响，且都产生了正向的影响。显著性指标对应系数均为正数，说明旅游者对冰雪旅游产品的了解程度越深，越容易选择该类产品进行冰雪旅游消费。需要注意的是，在哈尔滨冰雪大世界与亚布力滑雪旅游度假区的产品选择时，旅游者的收入与学历也分别成为旅游者选择这两类冰雪旅游产品的显著影响因素。不同于消费意愿模型中的显著因素，旅游者个体特征方面的因素对旅游者选择具体冰雪旅游产品并无显著影响。当旅游者进行具体冰雪旅游产品选择时，最核心的影响因素是对该类别冰雪旅游产品的了解程度，而哈尔滨冰雪大世界较高的门票费用也成为旅游者选择该类冰雪旅游产品时所考虑的因素，因此，在该类别的冰雪旅游产品选择中，中高收入的旅游者更倾向于选择冰雪大世界这类的冰雪旅游产品。在亚布力滑雪旅游度假区的旅游项目选择因素中，旅游者的学历也成为显著影响因素，说明拥有较高学历的消费群体更倾向于消费体育竞技类别的冰雪旅游产品，这与前面描述性分析的结果相吻合。

4.6　本 章 小 结

旅游消费是促进冰雪旅游产业持续发展和产业效率提升的重要力量。本章基于问卷调查的数据和相关部门的统计数据，从冰雪旅游消费规模、冰雪旅游消费者人口特征、冰雪旅游客源地分布特征等方面，分析了黑龙江省冰雪旅游消费的基本状况。从冰雪旅游动机、旅游信息的获取渠道、旅游产品选择、出游方式选择、旅游消费频率选择方面，重点分析了冰雪旅游者的旅游消费偏好选择。通过二元选择模型，从消费者个人特征、消费能力、消费认知与经历这三个方面对冰雪旅游者的消费偏好选择的影响因素进行了实证分析，结果表明，旅游者的学历、收入、对冰雪旅游的了解程度与是否具有冰雪旅游经历这些因素，对旅游者的冰雪旅游消费偏好有显著的正向影响，同时，旅游者对冰雪旅游产品的了解程度，也影响旅游者对不同冰雪旅游产品消费的选择。

第5章　黑龙江省冰雪旅游产业发展效率研究

总体来看，当前中国的冰雪旅游产业已经形成了以东北地区为首，包括华北、西北、西南在内的几大区域，并涌现出北京、四川、新疆等新兴冰雪旅游地区（杨春梅和赵宝福，2014）。随着2022年北京冬奥会的成功申办，“带动3亿人参与冰雪运动”会让中国冰雪产业迎来前所未有的黄金机遇期。面对全国冰雪旅游产业发展一片大好的形势，需要冷静思考各地区冰雪旅游产业发展态势及其在全国的竞争力。黑龙江省冰雪旅游产业的发展有着绝对的资源优势和发展基础。但是近些年，吉林、辽宁、四川、新疆、河北等区域冰雪旅游产业的大发展，给黑龙江省冰雪旅游产业的发展带来较大的竞争压力和挑战。因此，有必要通过对黑龙江省与全国重要冰雪区域的冰雪旅游产业发展效率进行比较分析，进一步明确黑龙江省的冰雪旅游产业在全国冰雪旅游产业发展中的真实发展态势，为黑龙江省冰雪旅游产业的健康可持续发展提供参考，为后文黑龙江省冰雪旅游产业发展对策的提出提供现实基础。

5.1　中国冰雪旅游产业发展趋势

1. 中国冰雪旅游产业呈现快速发展的态势

经过近20年的发展，中国冰雪旅游产业的发展经历了探索期和市场低迷期，目前在国家相关政策措施的支持与激励下，进入了市场快速启动发展阶段，2022年冬奥会后，冰雪旅游产业将进入市场高速发展时期，中国冰雪旅游产业发展趋势如图5-1所示。

由国家发展改革委、国家体育总局、教育部、国家旅游局联合发布的《冰雪运动发展规划（2016～2025年）》（以下简称《规划》）中，明确提出，到2025年，我国将实现全国直接参加冰雪运动的人数超过5000万，并带动3亿人参与冰雪运动；《规划》中也提出“立足全局，系统谋划，形成优势互补、良性互动的空间发展格局，促进冰雪产业和冰雪事业的协调发展。丰富冰雪产业业态，推动冰雪运动与旅游、健康等相关产业互动融合”。相关政策的发布为冰雪旅游产业发展提供了良好的契机和环境，也将推动冰雪旅游产业的快速发展。

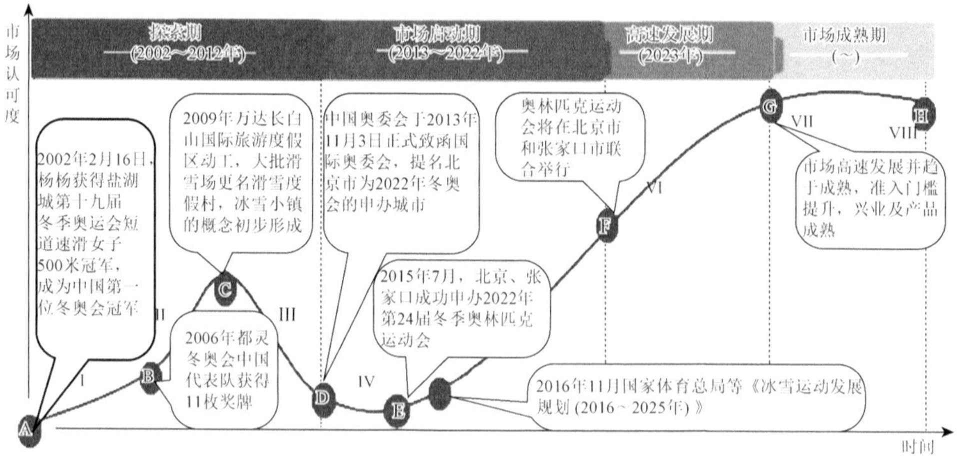

图 5-1 中国冰雪旅游产业发展趋势

资料来源：根据《2018 中国滑雪产业白皮书》数据整理而成

同时，2015 年，北京联合张家口成功申办 2022 年冬奥会，为中国冰雪旅游产业发展带来了新契机，标志着中国从体育大国向体育强国的迈进，助推了冰上和雪上项目在中国的推广和普及，促进中国冰雪旅游产业释放出巨大的消费红利。从场地、装备、培训、体验、比赛等诸多方面带动了冰雪体育产业的发展，拉动了冰雪体育旅游及其他相关冰雪旅游业态的发展。中国旅游研究院院长戴斌表示，随着北京冬奥会越来越近，冰雪旅游也越来越热。根据中国旅游研究院发布的《中国冰雪旅游发展报告（2020）》的相关数据，从供给侧来看，2018 年我国滑雪场馆数量达到 742 家，总滑雪人次达到 2113 万。市场潜力的释放有效调动了地方政府发展冰雪旅游和社会力量投资冰雪运动及冰雪旅游项目的积极性。重庆、上海、广州等中部和南方地区，出于经济和民生的考虑也开始规划市内滑雪场和室内冰场。

冬奥会的成功申办，带动了百姓参与冰雪运动的热情，黑龙江省已经启动了一系列措施提升大众的参与度。国内冰雪旅游客流量也呈现迅速增长的态势，黑龙江、吉林、辽宁、河北、内蒙古这几个典型冰雪区域，联合构建了“中国冰雪旅游推广联盟”，开启了中国冰雪旅游强势发展、区域协同融合、创新的新阶段。

2. 中国冰雪旅游产业的竞争格局已初步形成

中国冰雪旅游产业发展之初就形成了以黑龙江省为龙头、以东北地区为核心的发展格局。近年来，全国已有多个城市打出了冰雪牌，冰雪旅游产业的发展已经由“黑龙江一马当先”转为“群雄并起”的发展格局，甚至呈现后来居上的趋势。目前，中国冰雪旅游产业的发展以资源为依托形成了四大冰雪旅游聚集区：即东北板块——黑、吉、辽，这是中国冰雪旅游产业的优势先导区，以黑龙江和吉林为代表，冰雪旅游呈现出强势发展的态势；华北板块——北京、河北（张家口）为主，该板块区位优势明显，北京、张家口联合申报冬奥会获得成功，未来产业发展的“冬奥效应”将进一步促进冰雪旅游产业的大发展；西北板块——新疆地区，这里虽然交通和区域经济发展在一定程度上制约了该区域冰雪旅游产业的快速发展，但是借助“一带一路”倡议及“丝绸之路经济带”等政策的实施，新疆地区独具特色的文化资源和对冰雪旅游产业发展的热情，使其成为中国冰雪旅游产业发展的潜力股；西南板块——四川地区，这一地区虽然冰雪旅游起步开发较晚,但是独具特色的“冰雪+阳光”型的冬季旅游与四川知名景区及四川美食文化相结合，成为打破国内冬季旅游南北两极传统格局的“第三极”，也成了冬季旅游的新增长点。

目前，中国冰雪旅游产业的发展呈现出以东北为首，华北、西北、西南协调共进的竞争发展格局。近些年，北京、四川、新疆等地的冰雪旅游产业的影响力也在不断扩展，即使是上海、深圳等地冰雪自然禀赋很差的地区，也开始利用人工冰雪资源，纷纷发展冰雪旅游产业，中国冰雪旅游产业各个区域的竞争格局已经初步形成。北京、张家口联合申办 2022 年冬奥会的成功，使中国的冰雪旅游产业市场吸引了中国多家大型上市公司的关注，体育行业、房地产、影视传媒以及旅游等企业从不同的领域切入冰雪产业链，目前与冰雪旅游产业相关的投资大部分集聚在京冀地区，企业与社会投资光顾东北地区的意愿并不强烈。

5.2 黑龙江省冰雪旅游产业发展历程

冰雪旅游产业依赖于冰雪自然资源与环境，萌芽于对冰雪自然风光的游览，发端于对冰雪体育赛事的观赏，真正形成于对冰雪雕刻艺术（主要是冰灯、雪雕）的观赏。黑龙江省冰雪旅游产业的形成与发展是在新中国成立之后才开始的。根据哈尔滨市人民政府地方志办公室官网上的相关资料记载，1963 年，在黑龙江省哈尔滨市兆麟公园举办的冰灯游园会，掀起了中国现代冰雪旅游产业的序幕，到 1985 年这段时间，可以说是中国冰雪旅游产业发展的探索期。

1985 年，黑龙江省哈尔滨市创办了全国第一个冰雪节，将冰雪旅游、冰雪雕塑、冰雪体育、冰雪文艺、冰雪饮食、冰雪经贸等融为一体，进行全方位开发，促使冰雪旅游产业进入了快速发展期，特别是 20 世纪 80 年代初期，香港一群中学生怀着强烈的好奇心，以探险的形式组织到哈尔滨进行冰雪旅游，回到香港后，他们把在哈尔滨进行冰雪旅游的见闻在报纸上发表，一时间，使当地居民知道了冰灯，知道了美丽的冰城哈尔滨市，随即，港澳游客纷纷来到黑龙江省哈尔滨市观看冰灯，更加速了冰雪旅游产业的快速发展。20 世纪 80 年代后期开始，哈尔滨市的冰灯艺术不仅在国内的上海、杭州、深圳等地展出，还到亚洲、欧洲、北美洲等的十多个国家展出。中国冰雪旅游产业逐渐形成规模，其区域格局也基本形成。1992 年，国家旅游局举办了"中国友好观光年"活动，活动中将"冰雪风光游"作为中国的旅游专项产品之一进行大力宣传和推广。1996 年，第三届亚洲冬季运动会在黑龙江省哈尔滨市成功举办，作为第三届亚洲冬季运动会滑雪项目的主赛场，亚布力声名鹊起，并逐步发展成为中国最大、设施最先进、条件最为优越的雪上运动场所，成为综合性的滑雪旅游度假区。1997 年，滑雪旅游作为黑龙江省冰雪旅游产业发展中的重要内容而得到黑龙江省政府的重视。1999 年，哈尔滨冰雪大世界成功建成，同时，哈尔滨冰雪节升级为"中国·哈尔滨国际冰雪节"，极大地促进了黑龙江省冰雪旅游产业的发展和冰雪旅游市场的发育。

2000 年以来，黑龙江省的冰雪旅游产业进入了规模化快速发展的新时期。2001 年，来哈尔滨市进行冰雪旅游的人数第一次超过了到海南三亚的冬季旅游人数，从而开启了冰雪旅游主导冬季旅游的新阶段。2009 年，第 24 届世界大学生冬季运动会在哈尔滨市成功举办，又把黑龙江省的冰雪旅游推向了一个新的高度。自 2012 年以来，雪地温泉、极地观光、冬捕、冬钓等丰富多彩的冰雪旅游产品和冰雪旅游项目的不断开发，促进了黑龙江省冰雪旅游产业的全面升级式发展。2016 年，《"十三五"旅游业发展规划的通知》（国发〔2016〕70 号）中明确指出，旅游业作为国民经济的战略性支柱产业的地位基本形成，并明确提出以办好 2022 年冬奥会为契机，大力推进冰雪旅游发展。2022 年冬奥会的成功申办以及其他相关政策和战略机遇，都将推动冰雪旅游产业进入一个全新、快速发展的新阶段。

5.3 黑龙江省冰雪旅游产业发展现状

5.3.1 冰雪旅游的规模及收入

黑龙江省冰雪旅游产业的发展历史较长，早在 1963 年，在哈尔滨市的兆麟公园就举行了大规模的冰灯游园会，黑龙江省的冰雪旅游在全国冰雪旅游市场中一直占据着重要位置。特别是北京申办 2022 年冬奥会获得成功后，冰雪旅游持续升温，黑龙江省的冰雪旅游产业也进入快速发展的阶段，其冰雪旅游规模和旅游收入均呈现持续增长的态势，如表 5-1 所示。

表 5-1　2007～2014 年哈尔滨冰雪节期间旅游规模和旅游收入情况

年份	接待游客总人数/万人次	接待游客总人数同比增长率/%	旅游总收入/亿元	旅游总收入同比增长率/%
2007	770.35	7.14	60.70	25.13
2008	866.50	12.53	72.29	19.11
2009	1114.50	25.72	90.42	25.08
2010	1202.70	7.90	110.61	22.30
2011	1297.80	7.90	121.17	9.50
2012	1389.50	7.10	133.70	10.40
2013	1461.20	5.16	154.65	15.64
2014	1622.70	11.05	178.80	15.64

资料来源：《哈尔滨统计年鉴（2007～2014）》。

注：由于 2014 年之后，统计指标发生了变化，只统计过夜游客的数量，故这里只显示到 2014 年的情况。

由表 5-1 可知，2009 年受哈尔滨第 24 届世界大学生冬季运动会的影响，当年哈尔滨市的冰雪旅游规模和旅游收入均呈现激增的态势，2012～2014 年，哈尔滨市的冰雪旅游规模和旅游收入均呈现较平稳的增长态势。

根据黑龙江省旅游发展委员会官方网站的统计数据，2017 年 12 月 30 日至 2018 年 1 月 1 日元旦小长假期间，哈尔滨太阳岛雪雕博览园共接待游客 3 万人次，同比增长 86.9%；中国雪乡从 2017 年 11 月 11 日开园至 2018 年元旦小长假期间，旅游人数同比增长 21%，仅元旦 3 天小长假期间，中国雪乡接待冰雪旅游游客 39101 人次；2017 年 12 月 14 日，黑龙江大兴安岭的“兴安冰雪乐园”启幕当天，即迎来首批游客近万名。根据国家旅游局综合协调司假日处对 2018 年元旦假日旅游市场情况的总结数据，哈尔滨冰雪大世界在 2018 年元旦假期中共接待游客 11.68 万人次，收入达 2991.4 万元。

根据驴妈妈旅游网发布的《2018 元旦出游总结报告》，国内景区中，哈尔滨冰雪大世界位列 2018 年元旦国内热门景区前十名。因为冰雪的特色，哈尔滨市已经成为国内长线游的十大热门旅游目的地之一，以哈尔滨市为代表的黑龙江省的冰雪旅游越来越受到我国华南、西南、华东地区游客的青睐，如哈尔滨冰雪大世界、亚布力滑雪旅游度假区、雪乡亲子深度游等冰雪主题产品颇受亲子游家庭的欢迎。

5.3.2　冰雪旅游产品

随着黑龙江省冰雪旅游产业的日益发展壮大，黑龙江省冰雪旅游产品的种类也越来越丰富，如著名的哈尔滨冰雪大世界、哈尔滨太阳岛雪雕博览园、亚布力滑雪旅游度假区、哈尔滨兆麟公园冰灯游园会、中国雪乡、牡丹江雪堡等冰雪旅游产品。黑龙江省的冰雪旅游产品不仅种类丰富，而且不断推陈出新，如从 2001 年开始相继推出了哈尔滨冰雪艺术馆、哈尔滨万达城冰雪主题乐园、松花江冰雪乐园、大型电视冰雪真人秀栏目——《冰雪的游戏》等一些全新的冰雪旅游产品，同时，传统的冰灯、雪雕产品也逐渐突破单一雕刻模式，逐渐将科技、文化等新兴元素融入冰灯、雪雕等产品的设计中，从而形成一系列新颖的、体现现代科技与传统文化元素相融合的冰灯、雪雕旅游产品。例如，2018 年全球规模最大的冰雪雕刻艺术与数字文创产品跨界融合的产物——“王者荣耀”冰雪主题景观在哈尔滨冰雪大世界正式揭幕，它是传统的冰雪雕刻产品与动漫创意技术有效融合的产物。

在传统的冰灯、雪雕等观赏式、游览型产品的基础上，一些全新的冰雪旅游产品，特别是适合民众参与体验、娱乐的冰雪旅游产品也越来越多。例如，从 2016 年开始，黑龙江省设立每年的 12 月 20 日为“黑龙江省全民冰雪活动日”，以促使民众进一步在冰雪美景中重新认识冰雪资源的宝贵，参与到丰富多彩的冰雪产品消费中来。为了积极落实“黑龙江省全民冰雪活动日”对冰雪旅游产业发展的推动作用，黑龙江省各地市也纷纷组织各种冰雪旅游活动，开发各种冰雪旅游产品，为增强民众对冰雪旅游及冰雪文化的体验提供诸多平台。例如，黑龙江省各地举行的“百万青少年上冰雪活动”；牡丹江市举办的“市民滑雪节”“健康雪城”冬季运动会系列活动；齐齐哈尔市碾子山奥悦国际滑雪节；佳木斯市三江国际泼雪节；双鸭山市举办的“双山体彩杯”国际冬泳锦标赛，并建立了双鸭山市青少年冰雪训练教育基地；伊春市的“桃山狩猎·温泉·冰雪文化旅游节”、穿越林海雪原挑战赛、伊春市森林泼雪节；牡丹江市镜泊湖国际冰上龙舟大赛（暨百人超长冰龙舟吉尼斯世界纪录挑战赛）、牡丹江镜泊湖冬捕渔猎文化活动（如冬捕节）、中国·牡丹江雪城文化旅游节；大兴安岭加格达奇区的“兴安冰雪游乐园”、兴安湖雾凇摄影采风活动、国际冬泳挑战赛、漠河冰雪汽车越野赛、漠河冰雪马拉松赛、北极村的冰雪民俗小镇、漠河冬至文化节、漠河城区冰雪民俗民居文化园活动；五大连池民俗小年夜体验活动；东宁芬河帝堡国际酒庄冰葡萄采摘节等。2017 年，黑龙江省更是推出全新的冬季十大主题产品，即专业冰雪运动赛事、非专业冰雪体验娱乐活动、冰雪景观、林海雪原穿越、冬季狩猎、冬季温泉、北极和东极地理、冰雪游学、冰雪文化艺术、界江界河体验及出境游。

日益丰富的冰雪旅游产品提升了黑龙江省冰雪旅游产业的内涵和品质，增加了对冰雪旅游者的吸引力，不断提升了黑龙江省冰雪旅游产业的市场获得性优势，也促进了黑龙江省冰雪旅游产业更好的发展。

5.3.3　冰雪旅游产品中冰雪文化内容的体现

近年来，黑龙江省政府及相关冰雪旅游企业越来越注重在传统冰雪旅游产品和产业发展中去诠释冰雪文化的内蕴及价值，冰雪旅游与冰雪文化的融合互动越来越强。例如，近年来哈尔滨冰雪大世界的建设中，开始增强冰雪文化与冰灯、冰雕等艺术产品的完美融合。从 2012 年开始，林海雪原大型实景演出出现在哈尔滨冰雪大世界中，2014 年“中国冰雪动漫节”落户哈尔滨冰雪大世界。2018 年，全球规模最大的冰雪雕刻艺术与数字文创产品跨界融合的产物——“王者荣耀”冰雪主题景观落户哈尔滨冰雪大世界，丰富了黑龙江省冰雪旅游的时尚文化内涵。

2017 年，第 30 届中国·哈尔滨太阳岛国际雪雕艺术博览会在冰雪文化的传承与传播上有了进一步提高，首次推出以真实冰雪景观空间为剧场的大型实景 3D 幻影雪秀——《雪舞间》，这是第一次在冰雪环境下用 3D 投影形式诠释冰雪文化精神，演出分雪灵、雪宴、雪颂三个章节，通过对东北地区的人们战冰雪、斗严寒、化冰雪为艺术的故事，生动讲述了雪博会走过的不平凡的 30 年。2017 年 12 月 25 日，第 17 届中国雪堡在牡丹江镜泊湖风景名胜区盛装开园，本届雪堡的所有设计灵感全部取自传承千年的萨满文化，将浪漫艺术与萨满文化完美融合。牡丹江市的“镜泊湖冬捕节”被农业农村部授予“国家级示范性渔业文化节庆品牌”。著名的兴凯湖冬捕是黑龙江省非物质文化遗产，每年举办的“肃慎千古情”兴凯湖渔猎把头节，使冰雪景观与历史、民俗文化有机融合起来，为旅游者带来了更具特色的渔猎文化体验。连续举办了 10 多届国际大学生雪雕大赛多次打破世界上规模最大的大学生雪雕群雕世界纪录。现在国际大学生雪雕大赛已经发展成为全球规模最大的正式雪雕比赛，其文化辐射的广泛性和艺术交流的延续性逐渐得到体现。此外，哈尔滨市还将位于南岗区东大直街的文化公园建成了冰雪故事园等。

上述内容都充分说明了在黑龙江省冰雪旅游产业的发展过程中，冰雪文化，特别是地方民俗文化、传统文化在冰雪旅游资源开发中的蕴涵越来越明显，在冰雪旅游产品的设计中越来越注重凸显地方特色文化的内涵和精髓，以及历史与民俗文化的内在价值及感染力，从而拓展了冰雪旅游产品及冰雪旅游产业的内涵和品质，也提升了黑龙江省冰雪旅游市场的吸引力。

5.3.4 冰雪旅游产业发展的优势

1. 冰雪自然资源禀赋独特

冰雪产业是一类特殊的资源型产业，是基于对冰雪资源的开发，形成有效的市场供给、需求的产品和服务的集合，其发展受冰雪自然资源禀赋的影响，因而表现出较强的区域性特征，冰雪产业具有某种程度上的区域垄断性。黑龙江省具有发展冰雪旅游产业得天独厚的冰雪自然资源，冰雪旅游产业成为黑龙江省经济发展的支柱性产业，具有绝对的自然优势。黑龙江省属于温带季风性气候，冬季漫长而寒冷，冰雪资源丰富。省内江河湖泊水域众多，冰资源极为丰富。由于地处高纬度地区，雪资源具有雪量大、雪质好、雪期长等特点，黑龙江目前已经建成了“冰雪亚布力、冷温泉五大连池、中国雪乡、神州北极、神州东极”等美名远扬的冰雪旅游目的地。黑龙江省冰雪资源的种类多且组合优势突出，冰雪共存的特征为冰雪旅游产品开发提供了多元支撑，其独特性是其他地区冰雪资源无法比拟的，为冰雪旅游产业的发展提供了绝对的资源优势。

2. 冰雪运动赛事承办经验丰富

黑龙江省作为我国发展冬季体育较重要的省区市之一，已经多次承办世界级冰雪赛事。1996 年承办了第三届亚洲冬季运动会，2009 年承办了第 24 届世界大学生冬季运动会，2016 年 3 月承办了单板滑雪世界锦标赛。除此之外，黑龙江省还承办过六届全国冬季运动会以及 2007 年中国杯世界花样滑冰大奖赛等赛事。众多世界级冰雪体育与旅游赛事的承办，奠定了黑龙江省冰雪体育（运动）与冰雪旅游融合发展的先锋模式。

3. 冰雪旅游产品的知名度和影响力突出

黑龙江省拥有世界著名的四大冰雪节庆之一的中国·哈尔滨国际冰雪节；世界较大的冰雕雪塑基地——哈尔滨冰雪大世界、哈尔滨太阳岛雪雕博览园；东北地区最大的国际级雪上竞技赛事承办地和滑雪旅游胜地、中国企业家论坛年会永久性会址——亚布力滑雪旅游度假区等。众多世界级的冰雪旅游产品，奠定了黑龙江省冰雪旅游的龙头地位，铸就了黑龙江省冰雪旅游产业的第一品牌。

4. 冰雪专业人才储备充分

黑龙江省不仅培养了大批优秀的冰雪运动员，也为许多其他省区市培养了优秀的冬季运动项目人才，业界称之为滑雪界的“黄埔军校”。同时，黑龙江省冰雪体育职业学院及学校众多，亚布力成立了中国首家国际滑雪培训学校，以国际标准打造中国滑雪学校的样板，为滑雪运动提供必要的人才储备。黑龙江省在对外冰雪产业人才输送和人才培养方面的突出贡献，奠定了冰雪产业专业人才储备基地的地位，也为黑龙江省冰雪体育旅游产业的发展开拓了更大的市场空间。

5.3.5　冰雪旅游产业发展中存在的主要问题

近些年来，黑龙江省冰雪旅游产业的发展成效较为明显，但是在面对外部激烈的竞争中，黑龙江省冰雪旅游产业内在的发展弱势和问题逐渐呈现出来，并阻碍了黑龙江省冰雪旅游产业的发展。

第一，冰雪旅游产业发展中，文化内涵的挖掘仍需要进一步提升。

旅游产业是旅游行业和与旅游行业密切相关并为其提供文化、信息、人力、物力、财力、智力等物质或非物质服务与支持的产业（马勇和周霄，2003）。冰雪旅游是旅游目的地通过提供冰雪旅游资源、冰雪旅游产品及冰雪文化等旅游吸引物，使旅游者参与冰雪旅游活动、消费旅游产品及冰雪文化旅游产品的一种旅游活动。世界旅游组织认为，“本质上出于文化的动机而产生的人的运动，如游学、艺术表演和文化巡游，旅行去参加节庆或其他活动，访问历史遗址遗迹，旅行去研究自然、民俗或艺术以及宗教朝圣等”都可归为文化旅游（张丽梅，2013）。可见，在旅游产业发展的范畴中一直都包含有文化的内容。同时，文化产业的发展中也一直包含有旅游的内容。文化与旅游具有天然的融合性，文化是旅游的灵魂，旅游是文化的重要载体。因此，冰雪旅游产业的发展中，文化内涵的体现、文化与旅游的融合有着天然的内在基础。在冰雪产业体系的现实发展中，冰雪旅游产业的发展较其他产业更快，成效也更大。同时，冰雪旅游产业的发展又基本上是依托冰雪体育文化产业、冰雪艺术文化产业、冰雪民俗文化产业等产业资源发展起来的，因此，在冰雪产业体系中，冰雪旅游产业与其他产业，特别是文化产业具有天然的融合性。

虽然近年来黑龙江省政府非常重视发展冰雪旅游，注重冰雪旅游产品开发中冰雪文化内涵的体现，但是与日益丰富的冰雪旅游产品规模相比，具有冰雪文化内涵、体现冰雪文化价值和冰雪文化特色的，高质量、高内涵的冰雪旅游产品仍显不足，冰雪旅游资源开发利用的深度和广度不够。冰雪文化旅游资源有着丰富的内涵，尤其是其中的一些少数民族的冰雪文化资源，如赫哲族的狗拉雪橇、满族的抽冰猴、鄂伦春族的森林狩猎等，以及蕴含于它们背后的民俗习惯、民族精神和民族信仰等文化特质内容（张晓光，2008），但在冰雪旅游产品的设计与开发中尚未得到充分、完美的体现与传承。

第二，冰雪旅游产业发展中市场机制的作用尚不充分。

目前，黑龙江省冰雪旅游产业的发展以及冰雪资源的开发主要还是政府主导推动的发展模式，发挥市场主导配置冰雪旅游产业资源的机制尚不完善，资本市场化运作程度不高，没有形成良好的商业模式和经营业态。近几年，黑龙江省也开始大力推进冰雪旅游产业发展的市场化进程，让国有企业、民营资本同步注资，按市场规律经营冰雪旅游资源。例如，从 2014 年开始，中国 • 哈尔滨国际冰雪节的开幕式及哈尔滨冰雪大世界的建设，全部由哈尔滨文化旅游集团有限公司筹办。冰雪欢乐谷也完全转入企业投资经营管理。万达集团投资超 200 亿元打造的东北地区最大的哈尔滨万达文化旅游城，以室内项目为主，打造世界规模最大的室内滑雪场，可同时容纳 1500 人实现四季滑雪，并建有万达冰雪乐园。这些都充分说明了市场力量在冰雪旅游产业中逐渐渗透，但是从长期的持续发展来看，黑龙江省冰雪旅游产业发展中市场机制的运行尚不充分，在招商引资及引进设备资本市场化运作等方面都比较落后，投资开发的后劲不足，缺乏具有带动和引领作用的龙头企业，未来冰雪旅游产业的发展中需要进一步加强市场机制的作用。

第三，冰雪旅游产业内涵式发展模式尚未形成。

时代的发展、社会的进步及人们生活水平、消费水平的提高，使得当前旅游业的发展进入优质旅游业态的新时代，传统的仅靠规模、靠人次、靠先天资源彰显旅游产业发展实力的模式，已经明显不适应新时代的需求，旅游产业的发展必须走内涵式的发展模式，以提升旅游产业的发展效率和竞争力。

长期以来，黑龙江省在促进冰雪旅游产业大发展的过程中，粗放式的发展模式表现突出，过度注重产业发展的规模和速度，忽视了其内涵性的发展。冰雪旅游景点、冰雪旅游产品大量重复，多而分散。冰雪旅游产业空间分布呈现不均衡状态，冰雪旅游核心产品主要集中在哈—牡沿线区域，其他地区发展滞后；冰雪旅游产品开发多元化，产品体系呈现结构性失衡，主要表现在高档产品结构性短缺，中低档产品结构性过剩，且缺乏产品创新意识。此外，冰雪旅游产业和产品的营销渠道单一，管理及服务意识落后。

仅就冰雪旅游产业中的滑雪旅游产业发展而言，《2016 中国滑雪产业白皮书》的调查结果显示，2016 年，全国共有滑雪场 646 家，分布在 27 个省、自治区、直辖市，其中，黑龙江省共有滑雪场 122 家，比排名第二的山东（58 家）和排名第三的新疆（57 家）之和还要多，居全国之冠。滑雪人次按目的地省区市的分布来看，2016 年，河北、吉林、新疆、山西、河南及甘肃六个省（自治区）滑雪人次的增长数量均超过 20 万人次，这为黑龙江省滑雪旅游产业的发展带来了较大的压力。黑龙江省共有滑雪场 122 家，仅亚布力滑雪旅游度假区的周边就有大小滑雪场 7 家。这么多滑雪场，其发展效率如何，能否长期持续吸引游客，是黑龙江省冰雪旅游产业发展中需要去思考的问题。

黑龙江省亚布力滑雪旅游度假区早在 2001 年就被评定为首批国家 4A 级旅游度假区，但是 2018 年 1 月 5 日，国家旅游局发布的《全国旅游资源规划开发质量评定委员会公告》中的信息显示，亚布力滑雪旅游度假区却不在榜上。对于国家级旅游度假区的评定，标准十分严格。度假区的外部区域环境和内部资源基础、自然环境和人文资源、硬件设施和软件开发、规划布局和运营管理等，都是重要的考量因素。根据 Vanat（2015）发布的 2015 *International Report on Snow & Mountain Tourism: Overview of the Key Industry Figures for Ski Resorts* 中的相关数据，中国的滑雪场绝大部分是初学者的滑雪场，滑雪场的质量和标准接近西方滑雪场质量和标准的占比很小。近年来，只有亚布力滑雪场、北大湖滑雪场、万达长白山滑雪场等为数不多的几家滑雪场接近西方的质量标准。报告认为，亚布力滑雪场就相关的基础设施和装备质量而言，已经接近了欧洲国家和地区及日本的滑雪场质量，但是规模上远没有达到西方的标准。可见，亚布力滑雪旅游度假区外部资源、条件和基础设施应该是符合标准的。亚布力滑雪旅游度假区落选新一轮国家级旅游度假区的主要原因很可能是其缺乏内涵式发展模式、内部的运营管理质量差、人文环境差、文化价值差等。正如 2015 *International Report on Snow & Mountain Tourism：Overview of the Key Industry Figures for Ski Resorts* 所称，在中国不存在真正意义上的滑雪文化，这种文化、精神的缺失，从根本上影响了黑龙江省冰雪旅游产业，特别是滑雪旅游产业长期持续健康发展。由此可见，黑龙江省冰雪旅游产业的发展仍处于粗放式阶段，未来在追求冰雪旅游产业可持续发展的进程中，必须要走集约型、内涵式的发展道路，整合冰雪旅游资源，打造高标准、高质量的冰雪旅游目的地，以进一步提升冰雪旅游产业的发展效率及竞争力。

第四，尚未形成冰雪旅游的全产业链体系。

尽管黑龙江省冰雪旅游产业发展较早，目前处于快速发展的新阶段，但是，总体来看，黑龙江省的冰雪旅游产业目前正处于市场导入期和产业培育期，尚未形成全产业链体系。成熟的市场是以国民大众的日常消费为基础的，完善的产业体系需要从研发、创意、制造、建设、运营、推广等产业链条出发，形成产业集聚效应。黑龙江省的冰雪旅游产业的科技研发、冰雪文化产品的创意以及冰雪旅游目的地的运营管理等，都很薄弱，各个冰雪旅游目的地不同程度地存在着重场馆建设、轻研发制造，重资产投资、轻运营体系等问题。

目前，黑龙江省冰雪旅游与冰雪体育产业的融合度较好，与农林业、装备业、教育培训等产业的融合尚处于初级或是空白阶段，尚未建立起综合的冰雪产业集群。黑龙江省虽然具备良好的冰雪装备制造业基础，但是却没有很好地利用和发展起来。未来需要打造全产业链的发展模式，促进冰雪旅游产业与其他产业的融合发展，提升黑龙江省冰雪旅游产业的集聚效应。

5.4 研究方法

本节内容采用主成分分析和数据包络分析相结合的方法，来测算黑龙江省冰雪旅游产业的发展效率。

5.4.1 主成分分析法

主成分分析（PCA）法是利用“降维”的思想，通过线性变换的方法将原来具有一定相关性的多个指标重新组合成少数几个互相无关的综合指标，并最大限度地反映原来指标的信息（王丽伟和曾庆黎，2006）。由于主成分分析能够消除指标间的相关性，因而能够减轻指标选择的工作量。由于主成分分析时只选取方差较大的几个主成分来代替原变量，因而减少了计算量。此外，主成分分析方法还克服了综合评价中人为确定指标权重系数所带来的主观性问题。以上若干优点使得主成分分析法成为学者进行综合评价时所经常利用的重要手段之一。

5.4.2 数据包络分析法

数据包络分析（DEA）法是利用数学规划模型评价具有多个输入和多个输出的决策单元（decision making units, DMU）间的相对有效性的一种方法（魏权龄，2000）。作为一种非参数方法，DEA 法能够无视指标之间的量纲差异，无须任何权重假设，因此排除了很多主观因素，具有很强的客观性，这是其最突出的优点。此外，DEA 法特别适合于处理多输入-多输出的复杂系统效率评价问题。CCR（Charnes，Cooper 和 Rhodes）模型与 BCC（Banker，Charnes 和 Cooper）模型是数据包络分析理论体系中较具代表性的模型，其中，CCR 模型基于规模报酬不变假定，计算出的效率值为综合效率；BCC 模型基于规模报酬可变假定，计算出的效率值为纯技术效率；二者之比即为规模效率。

5.4.3 基于主成分分析的数据包络分析评价法

在进行数据包络分析时，如果投入指标或产出指标集数据之间存在一定的相关性，那么分析结果就会受到干扰，造成决策单元在有效生产前沿面上比较集中，并产生多个有效决策单元，进而导致数据分析的意义大为减弱。而在此之前先进行主成分提取则可以降低指标间的关联性。因此，为了更为精确地评价黑龙江省及其他各冰雪省（区、市）冰雪旅游产业的发展效率，本部分研究拟采用主成分分析法和数据包络分析法（PCA-DEA）相结合的方法进行分析。首先，建立冰雪旅游产业效率评价指标体系。其次，对输入指标集进行主成分分析，提取主成分，形成新的综合投入指标，在尽可能保持原指标信息量的前提下，减少总的评价指标数，并减少指标间的相关性，最后，利用新的指标体系对各决策单元进行 DEA 评价。

5.5 指标选取、体系建立及数据来源

5.5.1 指标选取的原则

评价冰雪旅游产业的发展效率，分析其发展态势，首先必须明确所选取的投入指标和产出指标，而这些指标的选取应该遵循一定的方法和原则。总体而言，这里在选取指标时遵循了以下几个原则：①科学性原则。科学性原则即所选取的

指标体系必须科学地反映研究对象的真实情况，指标在名称、内容和计量单位等方面科学明确、没有歧义。②实用性原则。在选择冰雪旅游产业发展效率评价指标体系时，应尽可能地结合各省（区、市）冰雪旅游产业自身发展的实际情况。③可操作性原则。可操作性原则指的是指标的选择应该考虑指标值的测量和数据搜集工作的可行性，指标数量不宜过多，应该少而精。

5.5.2 指标体系建立

遵循以上指标选取的原则，参考相关的研究，并考虑黑龙江省及其他典型冰雪地区冰雪旅游产业的现实发展状况，这里构建了冰雪旅游产业发展效率的投入与产出指标体系，如表 5-2 所示。

表 5-2　冰雪旅游产业发展效率评价指标体系

指标	一级指标	二级指标
投入指标	旅游资源投入	5A 级冰雪旅游景区数量
		滑雪场数量
		真冰滑冰场数量
	服务设施投入	星级酒店数量
		旅行社数量
	人力资源投入	旅游业从业人数
产出指标	旅游产出	冰雪旅游总收入
		冰雪旅游总人数

具体而言，对于投入指标的选取，主要选取旅游资源投入、服务设施投入以及人力资源投入，由于国内外学者普遍认为冰雪旅游资源主要包括冰雪景观资源和冰雪体育运动资源（吴伟伟等，2010），因此，这里的冰雪旅游资源投入指标的选取主要考虑了 5A 级冰雪旅游景区数量、滑雪场数量和真冰滑冰场数量 3 个因素。借鉴杨春梅和赵宝福（2014）、冯美玲和陶萍（2015）等的研究成果，服务设施投入指标选择了星级酒店数量和旅行社数量两个指标。人力资源投入指标选择了旅游业从业人数一个指标。

产出指标的选取方面，为了防止产出指标过于单一，参考杨春梅和赵宝福（2014）、李忠斌和肖博华（2016）、王恩旭（2012）等的研究文献，选择冰雪旅游总收入和冰雪旅游总人数作为产出指标。需要说明的是，限于数据的可获得性，借鉴杨春梅和赵宝福（2014）在面临数据获取难题时的做法，这里主要用各省（区、市）2017 年春节假期的旅游总收入和接待冰雪旅游游客的总数量来代表冰雪旅游总收入和冰雪旅游总人数。另外，5A 级冰雪旅游景区的数量选取了截至 2017 年

2 月 5A 级冰雪旅游景区的数量。

5.5.3　数据来源

截至 2017 年 12 月，全国已有 20 余个省（区、市）发展了冰雪旅游产业。但鉴于部分省（区、市）最近几年刚刚开始发展冰雪旅游产业，统计资料相对不太完善。另外，根据《中国冰雪旅游发展报告（2017）》的资料，当前中国冰雪旅游产业已经形成黑龙江省、吉林省和京冀三足鼎立的态势，其中，黑龙江省、吉林省已经得到全国冰雪旅游市场的认可，成为东北冰雪旅游的核心代表区域。京冀是以北京延庆、密云等和河北张家口为典型的奥运冰雪旅游核心区。同时，新疆和内蒙古地区则成为全国新兴的冰雪旅游增长带，特别是 2016 年第十三届全国冬季运动会在新疆举行，以及 2020 年第十四届全国冬季运动会在内蒙古举行（受疫情影响该届运动会时间推迟，至本书出版时还未举办），极大地促进了这两个地区冰雪旅游产业的发展。辽宁、山东、山西、四川、青海、甘肃等地区也成为新兴的冰雪旅游增长带。因此，为了更好地保证评价的准确性，本部分研究中只选择了黑龙江省、吉林省、辽宁省、内蒙古自治区、北京市、天津市、河北省、山东省、山西省、河南省、陕西省、湖南省、重庆市、四川省、甘肃省和新疆维吾尔自治区为评价单元，选择 2017 年的数据作为冰雪旅游产业发展效率评价的时期。本书中的投入指标数据来自《中国旅游统计年鉴 2018》、国家旅游局官方网站、人民网和户外资料网等，产出指标数据来自人民网上的相关数据。

5.6　冰雪旅游产业发展效率测算

5.6.1　描述性统计分析

数据分析通常由描述性分析入手，它能反映数据的基本统计特征。因此，在进行 PCA-DEA 评价之前，首先对相关统计数据进行描述性统计分析，本部分内容中的投入与产出变量的描述性统计分析结果见表 5-3。

表 5-3　投入、产出变量的基本统计特征

变量	均值	标准差	最大值	最小值
5A 级冰雪旅游景区数量/家	2.94	1.56	6	1
滑雪场数量/家	27.00	27.56	117	5
真冰滑冰场数量/家	6.00	6.62	27	1

续表

变量	均值	标准差	最大值	最小值
星级酒店数量/家	337.50	147.40	724	93
旅行社数量/家	846.31	454.33	2054	377
旅游业从业人数/人	96070.19	71451.00	227297	28867
冰雪旅游总收入/亿元	69.74	53.07	225.66	11.09
冰雪旅游总人数/万人次	1300.39	1235.74	5058.61	108.25

由表 5-3 可知，2015 年，所选择的全国 16 个省（区、市）中，5A 级冰雪旅游景区数量最多的省份拥有 6 家该类景区，而有的省份仅拥有 1 家 5A 级冰雪旅游景区；滑雪场数量方面，有的省份拥有 117 家滑雪场，而滑雪场数量最少的省份仅拥有 5 家滑雪场；真冰滑冰场数量最多的省份拥有 27 家真冰滑冰场，而有的省份仅拥有 1 家真冰滑冰场；星级酒店数量方面，星级酒店数量最多的省区市拥有 724 家星级酒店，而数量最少的省份仅拥有 93 家星级酒店；旅行社数量方面，旅行社数量最多的省份拥有各类旅行社 2054 家，而有的省份仅拥有 377 家旅行社；冰雪旅游业从业人数方面，冰雪旅游业从业者最多的省份，其冰雪旅游业从业人数高达 227297 人，而从业者最少的省份仅拥有 28867 人；冰雪旅游总收入最高的省份，其冰雪旅游总收入为 225.66 亿元，而冰雪旅游总收入最少的省份，其冰雪旅游总收入仅为 11.09 亿元；冰雪旅游总人数最多的省份，其年冰雪旅游人数达到了 5058.61 万人次，而冰雪旅游总人数最少的省份，其年冰雪旅游人数仅为 108.25 万人次。

另外，由表 5-4 可知，投入指标集内部分指标间确实存在较高的相关性，如果不考虑消除指标间的相关关系而直接进行数据包络分析，那么就会对冰雪旅游产业效率评价的结果产生影响，真实性也会受到影响。因此，在用数据包络分析方评价所选择的全国 16 个省（区、市）冰雪旅游产业发展效率前，首先采用主成分分析法对原始投入指标集进行精简，这是很有必要的。

表 5-4　投入指标间的相关性

变量	1	2	3	4	5	6
5A 级冰雪旅游景区数量						
滑雪场数量	0.362					
真冰滑冰场数量	−0.468	−0.005				
星级酒店数量	−0.079	−0.100	0.279			
旅行社数量	−0.363	0.067	0.350	0.781**		
旅游业从业人数	−0.153	−0.143	0.362	0.807**	0.683**	

注：**表示 $P<0.01$。

5.6.2　冰雪旅游产业投入指标的主成分分析

本书中冰雪旅游产业发展效率评价的原始投入指标可能存在信息重叠，因此，在用 DEA 法评价 16 个省（区、市）的冰雪旅游产业发展效率前，首先采用主成分分析法对原始投入指标集进行精简。

为了消除各指标量纲不同所带来的影响，在提取主成分之前，首先对所选取的投入指标集进行标准化，标准化后的数据如表 5-5 所示。其次，对标准化后的投入指标集进行相关分析，相关分析结果表明，投入指标之间存在较强的相关关系，因此，适合做主成分分析。然后，进行主成分提取，对投入指标进行降维。参考其他学者（李忠斌和肖博华，2016）的做法，本部分的研究仅保留特征值大于 1 的主成分，所提取的投入指标主成分经整理后如表 5-6 所示。

表 5-5　投入指标数据标准化后的结果

省（区、市）	F1	F2	F3	F4	F5	F6
黑龙江	1.31433	3.26493	−0.15098	−0.91245	−0.40348	−0.69740
吉林	0.67708	0.10883	0.00000	−1.02100	−0.58176	−0.94055
辽宁	−0.59742	0.21766	1.20788	0.45792	0.80049	1.73778
内蒙古	−0.59742	−0.10883	−0.15098	−0.44436	0.08955	−0.79953
北京	−1.23468	−0.25394	3.17068	1.25844	1.00299	0.92262
河北	−1.23468	0.39905	−0.15098	0.36295	1.09323	0.13805
山东	0.03983	0.07255	0.00000	2.62203	2.65817	1.83660
山西	−1.23468	−0.21766	−0.75492	−0.58682	−0.16577	−0.58184
四川	0.03983	−0.68926	0.00000	0.34259	−0.85689	0.09616
新疆	1.95159	0.97948	−0.75492	0.19335	−0.91632	−0.64303
湖南	0.67708	−0.79809	−0.75492	0.55968	−0.20979	1.75460
重庆	1.31433	−0.76182	−0.45295	−0.68858	−0.75344	−0.50718
甘肃	0.03983	−0.76182	−0.75492	−0.16621	−0.93173	−0.76573
天津	−1.23468	−0.61671	0.60394	−1.65870	−1.03298	−0.90990
河南	0.03983	−0.29022	−0.60394	−0.23405	0.55838	−0.39077
陕西	0.03983	−0.54415	−0.45295	−0.08480	−0.35065	−0.24987

表 5-6　投入指标的主成分分析结果

主成分	特征值	方差贡献率/%	累计方差贡献率/%
F1	2.852	47.534	47.534
F2	1.343	22.389	69.923

由表 5-6 可知，投入指标 2 个主成分的累计方差贡献率已经达到 69.923%，因此，可以用主成分 F1、F2 替代原来的 6 个投入指标，且基本上保留了原来指标的信息。表 5-7 是投入指标的主成分得分系数。利用主成分得分系数及各省（区、市）的原始数据可求得各省（区、市）的主成分得分。

表 5-7　投入指标的主成分得分系数矩阵

评价指标	主成分 F1	主成分 F2
5A 级冰雪旅游景区数量	−0.274	0.662
滑雪场数量	−0.103	0.569
真冰滑冰场数量	0.345	−0.292
星级酒店数量	0.512	0.294
旅行社数量	0.520	0.172
旅游业从业人数	0.513	0.195

应用主成分分析法求得的投入指标的主成分的值可能为负数，而进行数据包络分析时投入指标的数据应为正值，故对经过主成分分析后的得分值进行标准化处理，具体方法参照了李忠斌和肖博华（2016）的相关研究，经过标准化处理后的各省（区、市）的主成分得分如表 5-8 所示。

表 5-8　标准化处理后的各省（区、市）主成分得分表

省（区、市）	主成分 F1	主成分 F2
黑龙江	0.100	1.000
吉林	0.146	0.524
辽宁	0.743	0.536
内蒙古	0.318	0.402
北京	0.909	0.305
河北	0.573	0.494
山东	1.000	0.871
山西	0.299	0.331
四川	0.369	0.460
新疆	0.130	0.909
湖南	0.514	0.676
重庆	0.156	0.567
甘肃	0.204	0.430
天津	0.190	0.100
河南	0.359	0.537
陕西	0.318	0.482

5.6.3　冰雪旅游产业发展效率的数据包络分析评价

表 5-8 中，经过标准化处理后的 2 个主成分即为经过主成分分析求得的新的综合指标，也是下一步要进行数据包络分析的投入指标。将经过标准化处理后的这 2 个投入指标数据与 2 个产出指标数据代入产出导向的 BCC-DEA 模型中，经过计算和整理，得到了 2017 年黑龙江省及所选择的其他省（区、市）冰雪旅游产业投入产出综合效率值，如表 5-9 所示。与此同时，为了直观地比较 DEA 模型和 PCA-DEA 模型结果的差异性，表 5-9 还列出了 6 个投入指标、2 个产出指标的 BCC-DEA 模型计算结果。

表 5-9　2017 年黑龙江省及其他省（区、市）冰雪旅游产业投入产出综合效率值

决策单元	PCA-DEA				DEA			
	技术效率（TE）	纯技术效率（PTE）	规模效率（SE）	规模报酬	技术效率（TE）	纯技术效率（PTE）	规模效率（SE）	规模报酬
黑龙江	1.000	1.000	1.000	不变	0.936	1.000	0.936	递增
吉林	0.593	0.952	0.623	递增	0.978	1.000	0.978	递增
辽宁	0.392	0.460	0.852	递减	0.690	0.768	0.899	递增
内蒙古	0.068	0.074	0.918	递增	0.156	0.509	0.307	递增
北京	0.315	0.326	0.967	递增	0.637	1.000	0.637	递增
河北	0.133	0.142	0.939	递减	0.425	1.000	0.425	递增
山东	0.283	0.535	0.529	递减	0.535	0.535	1.000	不变
山西	0.173	0.182	0.949	递增	0.645	1.000	0.645	递增
四川	1.000	1.000	1.000	不变	1.000	1.000	1.000	不变
新疆	0.101	0.104	0.972	递增	0.245	0.323	0.760	递增
湖南	0.262	0.363	0.721	递减	1.000	1.000	1.000	不变
重庆	1.000	1.000	1.000	不变	1.000	1.000	1.000	不变
甘肃	0.255	0.362	0.706	递增	0.769	1.000	0.769	递增
天津	0.753	1.000	0.753	递增	0.683	1.000	0.683	递增
河南	0.270	0.278	0.971	递减	0.750	0.853	0.879	递增
陕西	0.463	0.479	0.967	递增	0.773	0.832	0.930	递增
平均值	0.441	0.516	0.867	—	0.701	0.864	0.803	—

由表 5-9 可知，PCA-DEA 模型与 DEA 模型测算的效率值比较接近，不同的是，由于 PCA-DEA 模型的评价决策单元（DMU）的要求更为严格，因此，相较于单纯的 DEA 模型测算的效率值，PCA-DEA 模型测算的效率值大多低一些。另

外，采用 DEA 模型进行的测算结果发现，绝大多数的 DMU 处于规模报酬递增的状态，而采用 PCA-DEA 模型进行的测算结果发现，仅有辽宁省、河北省、山东省、湖南省和河南省处于规模报酬递减状态，这可能是由于这些省区市在一定程度上存在着盲目扩大规模的行为，而没有很好地对冰雪旅游产业内部资源进行配置。因此，采用 PCA-DEA 模型对黑龙江省及所选择的其他省（区、市）冰雪旅游产业效率进行测算评价，更能保证 DEA 评价的有效性，更能为决策者提供有价值的决策信息。

由表 5-9 中 PCA-DEA 模型测算结果可以看出，综合效率值为 1 的地区有 3 家，分别是黑龙江省、四川省和重庆市，说明这 3 个地区的冰雪旅游产业经营活动处于随机前沿面上，在投入既定的情况下，经营产出达到了最大。总的来看，在所选择的 16 个典型冰雪旅游省（区、市）中，DEA 有效的省（区、市）仅占研究中所选全部省（区、市）总数的 18.7%，这个比例很低；从综合效率均值来看，研究中所选 16 个省（区、市）的冰雪旅游产业发展效率的均值仅为 0.441；绝大部分省（区、市）的冰雪旅游产业综合效率集中在 0.4 及以下，占研究所选省区市总数的 62.5%，只有小部分省（区、市）的冰雪旅游产业综合效率位于 0.8 以上，如表 5-10 所示。

表 5-10 研究中所选各省（区、市）冰雪旅游产业发展综合效率值分布

综合效率值区间	省（区、市）数量/个	比例/%
（0，0.4]	10	62.5
（0.4，0.6]	2	12.5
（0.6，0.8]	1	6.3
（0.8，1.0]	3	18.7

另外，通过对所选各省（区、市）按地区进行划分，本部分研究中还计算了分地区的冰雪旅游产业发展效率，如表 5-11 所示。

表 5-11 研究中所选各省（区、市）冰雪旅游产业发展综合效率平均值

地区	省（区、市）	综合效率值平均值
东北地区	黑龙江、辽宁、吉林	0.662
东部地区	北京、天津、河北、山东	0.371
中部地区	山西、河南、湖南	0.235
西部地区	内蒙古、重庆、四川、陕西、甘肃、新疆	0.481

由表 5-11 可知，按照 16 个省（区、市）所在具体区位来看，东北、东部、中部和西部地区冰雪旅游产业发展的综合效率平均值分别为 0.662、0.371、0.235 和 0.481。相较而言，东北地区的冰雪旅游产业发展效率值较高，这主要是由于东北地区一直以来都是中国冰雪旅游的核心区域，拥有绝对的冰雪自然资源优势和良好的发展基础及市场条件；东部地区冰雪旅游产业发展效率值较低，表明其良好的资源条件没能得到充分的挖掘与利用。以上分析表明，我国冰雪旅游产业整体发展效率不高，冰雪旅游产业发展效率最高的省（区、市）与最低的省（区、市）之间、地区之间差距较大，分化比较明显。

同时，表 5-9 中 PCA-DEA 模型的测算结果还表明，相较于纯技术效率，规模效率对所选的 16 个省（区、市）的冰雪旅游产业发展效率的贡献更大，也意味着通过完善管理和改进技术来提升纯技术效率是我国大多数省（区、市）未来很长一段时期内更应该关注的内容。

通过 PCA-DEA 模型测算的效率数据，来绘制所选取的 16 个省（区、市）的冰雪旅游产业发展效率的对比图，如图 5-2 所示，从图中能够很清晰地看到所选取的 16 个省（区、市）的冰雪旅游产业发展效率的差异。从图中可以看出，无论是技术效率（TE）还是纯技术效率（PTE）或是规模效率（SE），黑龙江省的冰雪旅游产业的这三个方面均在所选的 16 个省（区、市）中名列前茅。东北地区的冰雪旅游产业效率值较高也主要归功于黑龙江省冰雪旅游产业的发展效率较高。东北地区具有良好的冰雪资源优势，然而，与黑龙江省相比，辽宁省和吉林省的冰雪旅游产业发展效率仍较低，这表明这两个省未能充分发挥良好的资源优势，资源优势也没能很好地转化为经济优势，相反，黑龙江省在利用冰雪旅游资源方面取得的成效还是很显著的。

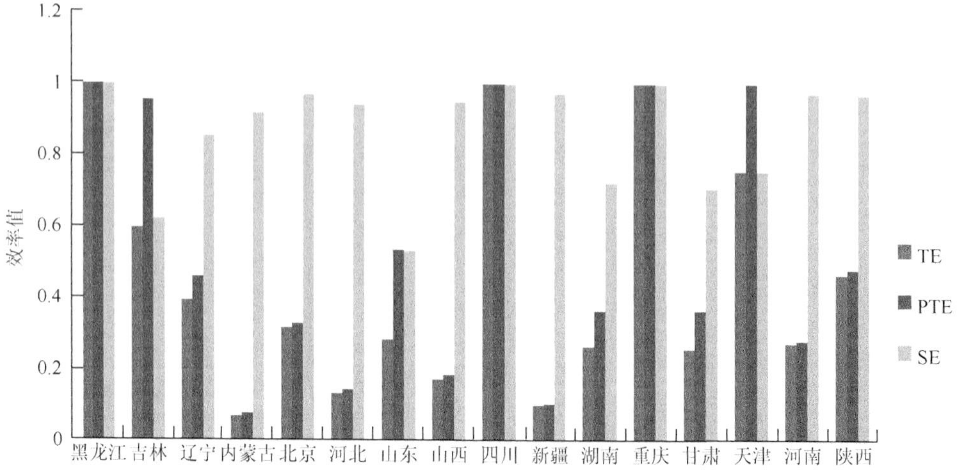

图 5-2　黑龙江与其他省（区、市）冰雪旅游产业发展效率对比图

5.7 本章小结

利用所选取的全国 16 个省（区、市）2017 年的冰雪旅游产业发展的相关统计数据，运用 PCA-DEA 模型，对黑龙江省及其他典型冰雪省（区、市）的冰雪旅游产业发展效率进行了测度与比较评价。

测算结果表明：①2017 年，本书所选取的 16 个省（区、市）的冰雪旅游产业发展效率整体偏低，除了黑龙江省、四川省和重庆市外，绝大多数省区市未达到 DEA 有效，显示出各省（区、市）冰雪旅游产业资源配置能力较弱，资源使用效率较低，资源优势转化为经济发展优势的能力较差。②冰雪旅游产业发展效率最高的省区市与最低的省（区、市）之间，地区之间差距较大，分化比较明显。从具体省（区、市）来看，在本书中所选择的 16 个省（区、市）中，只有黑龙江省、四川省和重庆市的冰雪旅游产业发展效率较高，其经营活动均处于随机前沿面上，其他省（区、市）冰雪旅游产业发展效率水平均偏低。可见，目前黑龙江省的冰雪旅游产业的发展效率在全国处于领先地位，表明黑龙江省的冰雪旅游产业在全国仍然具有绝对的竞争优势，符合前面的绝对优势理论的基点。从具体的大区域来看，以黑龙江省为首的东北地区，属于我国冰雪旅游的核心区域；内蒙古、四川、陕西、新疆等所在的西部地区，冰雪旅游产业的发展效率仅次于东北地区，成为第二大冰雪旅游产业发展的区域，其冰雪旅游产业发展具有强劲的发展态势；而北京、天津、河北、山东则得益于良好的市场、政策条件等因素，其冰雪旅游产业发展呈现出明显的后发势头，其冰雪旅游产业综合发展效率值也较高；中部地区的冰雪旅游产业的发展效率较低。③总体来看，中国冰雪旅游产业发展效率水平偏低，主要源于技术无效，这也说明通过完善冰雪旅游的管理和改进技术来提升冰雪旅游产业的纯技术效率是各省（区、市）未来很长一段时期内都更应该重点关注的内容。

虽然目前黑龙江省冰雪旅游产业的发展效率仍然位居全国各省（区、市）之首，但是面对内蒙古、新疆、北京、河北等地冰雪旅游产业的快速发展，未来黑龙江省冰雪旅游产业的发展面临严峻的竞争压力和挑战，需要探讨如何进一步提升冰雪旅游产业的发展效率，以持续保持其核心竞争态势。为此，未来黑龙江省冰雪旅游产业发展中，必须要注重不断完善和提高管理水平、服务水平，加强技术创新，扩大产业发展的内涵及文化底蕴，由粗放型的发展转向集约型发展，而冰雪旅游产业园区的建设，因其具有产业集中度高的集约型特征，以及产业关联性强、产业融合度高的技术性特征而能有效实现上述目标。鉴于篇幅的限制，有关冰雪旅游产业园区建设的内容，将在后面作为黑龙江省冰雪旅游产业集群化发展战略中的具体模式单独成章进行分析。

本章基于中国冰雪旅游产业发展趋势以及黑龙江省冰雪旅游产业发展现状，分析了黑龙江省冰雪旅游产业发展中存在的主要问题，然后通过比较分析方法，选取全国 16 个典型的冰雪旅游产业发展的省（区、市），运用这些省（区、市）冰雪旅游产业的相关统计数据，应用 PCA-DEA 模型，对黑龙江省及其他典型冰雪省（区、市）的冰雪旅游产业发展效率进行了测度与比较评价。结果表明，2017 年，所选的全国 16 个省（区、市）的冰雪旅游产业发展效率整体偏低，主要源于技术无效，冰雪旅游产业发展效率最高与最低的省（区、市）之间、地区之间差距较大，分化比较明显。仅有黑龙江省、四川省和重庆市的冰雪旅游产业经营活动处于随机前沿面上，其他省（区、市）的冰雪旅游产业发展效率都偏低。通过比较分析可见，目前，黑龙江省冰雪旅游产业的发展效率在全国仍处于领先地位，表明黑龙江省的冰雪旅游产业在全国仍然具有绝对的竞争优势，但同时也面临着巨大的竞争压力与挑战，自身发展中也存在劣势。研究指出，未来黑龙江省冰雪旅游产业发展效率的提升，需要进一步完善管理、改进技术、挖掘文化内涵、走集约型的发展道路，建设冰雪旅游产业园区能有效实现上述目标。

第 6 章　黑龙江省冰雪旅游产业效率提升的战略选择

依据前述的研究结论，虽然目前黑龙江省冰雪旅游产业的发展效率仍然位居全国之首，但是面对内蒙古、新疆、北京、河北等地区冰雪旅游产业的快速发展，未来黑龙江省冰雪旅游产业的发展面临严峻的竞争压力和挑战，需要进一步探讨提升黑龙江省冰雪旅游产业发展效率及竞争优势的战略模式，以持续增强竞争优势。黑龙江省冰雪旅游产业发展效率提升的战略模式选择，应遵循资源禀赋优势原则、国际化发展原则以及产业融合发展原则等，选择或构建符合黑龙江省冰雪旅游产业发展的现实状况，并能有力提升冰雪旅游产业发展效率和竞争力的战略模式。

6.1　产业集群化发展战略

产业集群是指某一产业以分工合作机制为特征的区域协同系统，由关联性很强的经济主体在特定地理区域内形成的产业集群，通过协调整合产业内分散的经济行为，实现产业发展各个阶段外部经济的强化，可抵消因模仿创新导致的集群外部经济的下降。

培育和发展产业集群是提升区域竞争力的重要途径之一，黑龙江省应该制定冰雪旅游产业相应的集群化发展战略和政策，促进和引导产业集群的健康发展，通过延伸冰雪旅游产业链条，扩大冰雪旅游产业规模、完善冰雪旅游产业要素、优化冰雪旅游产业结构，以增强黑龙江省冰雪旅游产业的竞争优势。同时要扩大冰雪旅游产业与商贸、教育、培训等产业的联动，调动科研院所、各大高校等的冰雪科研力量，共同开发冰雪旅游产品、扩大冰雪旅游市场，从而推动黑龙江省冰雪旅游产业实现良性发展。

建设产业园区是产业实施集群化发展战略的重要模式选择。产业园区是通过相关的经济活动，获取有价值的商品的相关主体，相互作用并得以决定其一切交易或契约关系的一种空间组织形式或制度安排（占绍文和辛武超，2013）。它借鉴工业园区、科技园区或工商综合区等经济型园区的发展概念，将一群产业属性相同或相近的企业因地域性、功能性、目标性、互补性等关联性需求而集聚在一起，同时在上下游产业链及相关支持性、服务性行业方面形成集群的作用（陈春霖，2016）。

本书认为，黑龙江省可以通过建设和发展冰雪旅游产业园区，来实施冰雪旅游产业的集群化、内涵式发展战略。冰雪旅游产业园区是冰雪旅游产业集群化发展的一种实践体现，是由政府或冰雪旅游的相关企业为实现冰雪旅游产业发展目标而创立的特殊区位环境，是一种介于政府、市场、企业之间的新型社会经济组织和企业发展平台，是冰雪旅游产业发展的重要载体，其运行能产生巨大的经济效益，能有效地创造聚集力。冰雪旅游产业园区通过共享资源，克服外部效应，带动关联产业的发展。考虑各章节的分量平衡性原则，本书把冰雪旅游产业园区建设的内容做了放大性处理，在后面单独成章进行深入分析。

6.2 国际化发展战略

6.2.1 国际冰雪旅游产业的竞争态势

从分布山系来看，世界冰雪资源主要分布于阿尔卑斯山、落基山脉、斯堪的纳维亚山和中国的长白山脉地区，即 42°N 附近区域。这里聚集了国际冰雪旅游产业起步较早的国家，也聚集了多个国际知名的冰雪旅游度假区，是一条聚集全世界关注目光的顶级滑雪资源的“黄金带”。从分布区域来看，通过对世界范围内的主要滑雪场的地理区位分布进行分析发现，全球冰雪旅游发展格局主要聚集在三大区域，即欧洲区、北美区、东亚区，这三大区域也是世界范围内重要的旅游目的地和客源地，是全球旅游业极为发达的地区。中国冰雪旅游产业是世界优势冰雪旅游区域的重要组成部分。

中国的冰雪产业经过多年的培育和发展，在冰雪文化普及、冰雪运动竞技及冰雪旅游发展等方面已经有了长足的进步，但与冰雪产业发展领先的世界大国相比，中国在基础设施建设以及冰雪运动普及率上还有很大差距。以滑雪为例，中国近年来每年平均滑雪人次虽然已经突破了千万，但是大部分的滑雪者一年只滑雪一次，甚至多年滑雪一次，而美国、法国等国家的滑雪旅游消费者人次超过 5000 万，每年人均滑雪 3～4 次。

正如绪论中所述，欧美冰雪旅游市场基于欧美消费者对滑雪文化的认同，已经形成了相对规模的成熟市场，中国冰雪产业的市场需求有着和欧美完全不同的文化基础，中国冰雪旅游消费者的消费需求体现出更加宽泛的种类，与欧美以冰雪运动（主要是滑雪运动）为核心需求的特点相比，中国冰雪旅游消费者在冰雪观光、休闲、竞赛等不同类型的冰雪消费品类上有着齐头并进的消费倾向，正是因为中国缺乏真正意义上的滑雪文化积淀，中国冰雪消费者多样而均衡的消费倾向才出现。

6.2.2 黑龙江省冰雪旅游产业的国际合作战略

黑龙江省冰雪旅游产业发展中，每年到访的游客中基本上以国内游客为主体，国外游客占比不多。在全国加大入境旅游推广力度的指引下，黑龙江省应该在稳住国内市场的基础上，通过广泛的国际合作与交流，积极拓展冰雪旅游的国际市场。中国·哈尔滨国际冰雪节与加拿大魁北克冬季狂欢节、挪威奥斯陆滑雪节和日本札幌雪节并称为国际著名的四大冰雪节，每个国家都有其独具特色的冰雪文化，黑龙江省应该多加强与这些国家冰雪旅游、冰雪文化等方面的交流与合作，积极借鉴这些国家冰雪节中具有价值的经营理念和建设经验，提升黑龙江省冰雪旅游节庆活动及节庆项目的质量，以促进黑龙江省的冰雪旅游产业的发展。同时，通过各种形式的交流、互访，吸引这些国家的游客来黑龙江省感受和体验具有中国和东北特色的冰雪文化。

黑龙江省要充分利用国家“一带一路”倡议带来的良好机遇，积极向“一带一路”沿线国家宣传和推广冰雪旅游，不断完善国际旅游推广机制，构建与“一带一路”沿线国家互连互通的旅游联动机制。尤其是要充分利用与俄罗斯的地缘优势及冰雪资源优势，加强与俄罗斯在冰雪旅游资源开发及产业发展上的合作，以“中蒙俄经济走廊——龙江陆海丝绸之路经济带”区域合作为依托，建立国际区域冰雪旅游联盟，促进各国冰雪旅游产业的互利共赢发展。

黑龙江省冰雪旅游的发展要树立国际化战略思维，以“世界眼光，国际标准”谋划黑龙江省冰雪旅游产业的开发，旅游服务和管理标准要尽快与国际接轨，通过品牌国际化、产品国际化、营销国际化、合作国际化逐步实现黑龙江省冰雪旅游的国际品质，扩大国际旅游交流合作的同时也要开拓国际旅游客源市场。具体来讲，可以与东北亚周边国家联合发展，建立冰雪旅游联盟；可以与芬兰、美国、英国等知名圣诞主题村建立主题联盟；可以与“迪士尼”“欢乐谷”等国际知名品牌建立战略合作联盟，形成冰雪文化互动、冰雪活动互动、冰雪节庆互动、冰雪旅游互动，争取形成能与阿尔卑斯山冰雪旅游比肩的国际冰雪旅游品牌。此外，还要注重黑龙江省冰雪旅游的国际宣传，可以联合境外媒体，在纸质媒体和网络媒体推出专栏和专题报道，并根据营销和传播需要定期在境外媒体引爆热点，引起关注。建立黑龙江省冰雪旅游官方网站、官方微博、官方频道、官方杂志等信息传播系统，将冰雪旅游核心产品的相关人文、自然、冰雪资源等代表性的文化元素有策略地植入热点文艺作品和影视作品中，加强国际化的新媒体传播。

6.3 “龙头引领+产业联动”战略

黑龙江省冰雪旅游产业的长期发展过程中，基本上是政府主导推动下的发展模式，市场在黑龙江省冰雪旅游产业发展过程中的作用机制不明显，冰雪旅游缺乏龙头企业，这在某种程度上削弱了黑龙江省冰雪旅游产业的发展效率，特别是在冰雪旅游产业园区的建设与发展中，非常需要龙头企业的引领、带动和凝聚。为此，黑龙江省应该加大冰雪旅游市场主体的培育，着力培育冰雪旅游龙头企业。应该有效放宽冰雪旅游的市场准入，为有实力、有作为的非国有资本投资冰雪旅游产业创造良好的政策环境和平等竞争的机会，强化政府宏观调控和引导，保障非国有资本投资后要真正有所作为，并严格控制一些不合格企业进入市场，努力将有实力并愿意有所作为的企业培育成冰雪旅游的龙头企业，并促进其引领、带动作用的有效发挥。培养龙头冰雪旅游企业需要优化旅游投资和运营环境，有选择性地通过资产重组和资源整合，利用提供融资等手段支持大型旅游企业的发展，打造一批有优势品牌和强劲竞争力的综合性本土旅游集团。

除了培养冰雪旅游龙头企业，也要构建一些冰雪旅游龙头项目，打造一批冰雪旅游龙头城市，组织一系列龙头冰雪旅游节庆活动。充分发挥黑龙江省冰雪资源的绝佳优势，全力培育支撑黑龙江省冰雪旅游发展定位和发展目标的精品冰雪旅游项目、重点冰雪旅游城市以及冰雪旅游节庆（赛事），全面推进黑龙江省冰雪旅游产业的突破。

第一，构建冰雪旅游龙头项目，可以通过整合亚布力滑雪旅游度假区、中国雪乡、威虎山林海雪原旅游区等重点冰雪旅游景区，构筑黑龙江省冰雪旅游的核心项目；同时挖掘全省冰雪资源，以五大连池旅游度假区、北极圣诞冰雪休闲旅游区、镜泊湖冰雪度假旅游区、伊春冰雪森林娱乐旅游区等为基础，构建冰雪旅游产业链条，通过景区内部提质、外部扩容，以及上下游产业的全面开发，引领黑龙江省冰雪旅游产业的转型升级。

第二，打造冰雪旅游龙头城市，要持续发挥黑龙江省省会城市——哈尔滨的品牌影响力，以建设“世界级旅游目的地城市”“世界冰雪旅游名城”为目标，大力促进哈尔滨市冰雪旅游的国际化水平，通过提供国际一流的冰雪旅游服务，打造国际偏好的一流冰雪旅游产品，创造国际一流的冰雪文化环境，加深互连互通的对外开放合作，拉动黑龙江省冰雪旅游产业的高速发展。同时，着力整合牡丹江、大庆、齐齐哈尔、伊春、佳木斯等省内重点城市，与哈尔滨市形成对接，构建起黑龙江省冰雪旅游产业的强劲城市网络。

第三，组织好龙头冰雪旅游节庆活动，充分发挥旅游节庆对地方经济发展的重要作用，构建冰雪旅游节庆体系，以中国·哈尔滨国际冰雪节为核心，重启黑龙江国际滑雪节，举办黑龙江国际冰雪汽车拉力赛等节庆赛事，形成“重大节庆+赛事”的体系，通过国际化的营销运作，将其打造成具有标志性形象地位的冰雪旅游节庆活动，提升黑龙江省冰雪旅游的国际影响力和品牌地位。

6.4 建设世界冰雪旅游名城战略

黑龙江省是中国冰雪旅游的核心区域之一，而哈尔滨市又是黑龙江省冰雪旅游的最核心点，其中的哈尔滨冰雪大世界、哈尔滨太阳岛雪雕博览园等都是享誉海内外的冰雪旅游名片。因此，黑龙江省要建设世界冰雪旅游名城，哈尔滨市当之无愧。早在 2001 年，黑龙江省哈尔滨市就提出要建设世界冰雪旅游名城的战略计划。2011 年，哈尔滨市在《哈尔滨市城市总体规划（2011～2020 年）》中，进一步明确定位哈尔滨市未来的发展战略为“建设历史文化名城和国际冰雪文化名城”；2012 年，中共哈尔滨市第十一次代表大会上明确提出“把哈尔滨市建成世界冰雪旅游名城”。

6.4.1 国外冰雪旅游名城发展借鉴

1. 加拿大冰雪名城——魁北克

魁北克是加拿大东部的一个省，魁北克城是魁北克省的省府，魁北克冬季狂欢节是世界最大的冬季冰雪狂欢节，已经有 60 多年的历史，每年 2 月的第一个周末开始举行，每次持续 10 天的时间。魁北克冬季狂欢节规模盛大，活动内容奇特多样，具有浓郁的法兰西文化色彩。

（1）魁北克冬季冰雪节形象鲜明。魁北克冬季狂欢节起源于 1894 年，当初这只是一个精心策划的庆典，让当地居民在严寒冬季纾解身心，并没有一定的组织和活动形态。到 1955 年一群当地的商人发现，如果每年冬季定期举办狂欢节，倒不失为漫漫严冬中刺激停滞经济发展的好方法。此后，一年比一年盛大的魁北克冬季狂欢节，不但带来了前所未有的商机，还逐渐发展成为魁北克市第三大产业，并被公认为是世界最大的冬季狂欢节，并且是世界第三大狂欢节。魁北克冬季狂欢节已经成了加拿大最著名的民俗节日。

（2）冰雪节文化内涵和底蕴雄厚。冰雕和雪雕展览是魁北克冬季狂欢节的重要项目，每年都有加拿大各地的队伍，以及来自世界二十几个国家的队伍参与盛会，以熟稔的技术，将一堆白雪雕成精美的艺术品。魁北克建有冰旅馆、冰晶饭店和冰教堂等冰雪特色建筑，这项展览也是最受游客喜爱的项目。魁北克冬季狂欢节还设计了吉祥物——博纳（Bonhomme），狂欢节期间，它负责掌管这段时间所有人的欢乐。博纳头戴红帽、腰系红白射箭腰带、笑容满面，胖胖的模样很有亲和力，走到哪里都很受欢迎，大人、小孩都喜欢和他热情拥抱。此外，还在圣罗伦斯河举行独木舟大赛；在瀑布前会堆起数米高的“糖丘”（像白色糖霜状的冰山），攀登冰瀑也是狂欢节另一项专业的竞赛活动；2004 年 1 月 29 日，加拿大邮政以这个冬季狂欢节为主题发行了当年的旅游美景系列邮票。这些都充分体现了魁北克冬季狂欢节的文化内涵。

魁北克以著名的冬季狂欢节为核心和主导，经过长期综合的发展，成为冰雪旅游名城。魁北克之所以能成为冰雪旅游名城，一方面是其拥有独特而丰富的冰雪资源，并创建了具有丰富文化内涵的特色冰雪旅游产品；另一方面是该城市历史悠久，保存着完整的城防体系和法国风韵的历史建筑。1985 年，联合国教育、科学及文化组织将魁北克古城作为文化遗产，列入《世界遗产名录》。这些都为其冰雪名城的建设奠定了雄厚的历史文化底蕴。黑龙江省哈尔滨市也拥有丰富的冰雪资源，同时，哈尔滨市也是一座历史悠久的文化名城，是金、清两代王朝的发祥地。另外，哈尔滨市还是东北亚区域中心城市以及“对俄合作中心城市”；哈尔滨市还拥有很多经典的俄罗斯风格建筑，如著名的圣 • 索菲亚教堂等，这些都为哈尔滨建设冰雪文化名城奠定了良好的基础和条件。

2. 日本冰雪名城——札幌

札幌冰雪节（Snowing Festival）是日本北海道札幌市的传统民俗节日，始于 1950 年。在每年最冷、雪最多的 2 月的第一个星期举行，到星期日为止，为期 5 天。北海道的人们有近半年的时间在冰雪覆盖的世界里生活。那里年降雪量为 4m 多，一进入漫长的冬季，人们就似昆虫入蜇一样，整日憋在房间里。札幌市政府理解大家的心情，设法满足人民的夙愿，改造单调的冬季生活，决定努力开辟北方城市的观光事业。冰雪节举办以前在北海道就有“雪站会”（有数万人参加的骑马站，相互争夺对方的雪城）、“冰上狂欢节”和“学校雪像展”等活动。在此基础上，政府决定在最冷、雪最多的 2 月，由札幌市有关单位共同组成札幌冰雪节执行委员会，由该组织主办札幌冰雪节，号召市民、教师、学生走出房门，自己动手雕刻雪人、雪物、雪像，用自己的智慧和劳动丰富市民的生活。1950 年第一届札幌冰雪节一举成功，收到了意想不到的效果，博得了群众的欢迎和支持。从此，政府决定每年举办一次冰雪节，到 2020 年已经举办了 71 届了。

（1）札幌冰雪节群众参与度高。札幌冰雪节是典型的群众参与式的冰雪节，日本尤其注重调动本市民众参与冰雪活动的热情和积极性，市民参与各项冰雪运动、冰雪活动的积极性非常高，这也是札幌冰雪节经久不衰的重要原因。冰雪节已经成为札幌城市发展的一张重要名片。

札幌的城市娱乐景观充分体现了冰与雪的特色。冰雪节期间，在札幌市的大通公园、真驹内公园、薄野展出的巨大雪雕和冰雕非常有气魄。札幌市内的三处会场矗立着大大小小的雪雕，包括外国游客在内每年约有 200 万人前来观赏。

（2）文化活动丰富，凸显城市主题。札幌冰雪节是很好的文化与科技的展览。冰雪节期间开办"雪与科学""雪与生活""雪与气象""雪与健康"等专题图片展览，向人们介绍有关雪的知识。

每年的冰雪节一开始，日本各地享有盛名的歌手、演员、曲艺家汇聚札幌，在雪制的舞台上表演，并通过电视、广播向全国转播实况，奉献一场别开生面的文艺演出。札幌冰雪节同样也是普通市民的节日，每年真驹内广场都会有一个大型雪制滑梯，也会塑造各种各样的神话故事中千姿百态的人物和珍禽异兽、蒸汽机车和雪橇马车等，供孩子们观赏游玩。

札幌以历史悠久和极负盛名的冰雪节为核心和主导，经过长期系统的发展而成为冰雪名城。一方面，该地区独特的冰雪资源和冰雪气候现象，为其开发独具特色的冰雪旅游产品提供了得天独厚的优势，这也是札幌成为冰雪名城的自然资源基础和优势。另一方面，札幌在冰雪旅游产品开发过程中，注重创新与文化内涵的融入，不断开发出新的冰雪产品，文化活动也越来越丰富多彩，冰雪产品中的文化内涵也越来越鲜明。此外，最重要的是，市民群众参与冰雪体育及各类冰雪活动的热情及积极性非常高，这为札幌冰雪名城的建设奠定了良好的群众基础。这一点是非常值得哈尔滨市在建设世界冰雪名城时进行学习的地方。同札幌一样，哈尔滨市也拥有独特的冰雪资源和冰雪气候现象，也拥有至今已经举办了 37 届的国际冰雪节。每年一度的中国 • 哈尔滨国际冰雪节，以"主题经济化、目标国际化、经营商业化、活动群众化"为原则，集冰灯游园会、大型焰火晚会、冰上婚礼、摄影比赛、图书博览会、经济技术协作洽谈会、经协信息发布洽谈会、物资交易大会、专利技术新产品交易会于一体，吸引游客多达百余万人次，经贸洽谈会成交额逐年上升。中国 • 哈尔滨国际冰雪节不仅是中外游客旅游观光的热点，还是国内外客商开展经贸合作、进行友好交往的桥梁和纽带。近些年来，中国 • 哈尔滨国际冰雪节也不断加强文化、艺术的融入，取得了更好的效果。这都为哈尔滨市创建世界冰雪旅游名城奠定了雄厚的基础。

6.4.2 创建世界冰雪旅游名城的战略路径

第一，打造鲜明的城市主题文化。

纵观世界各类名城的建立，无不是通过城市文化主题构建获得成功的。创建世界名城，首先应该确立城市的主导发展方向，构建具有自身特色的城市主题文化。文化是世界名城发展的核心和灵魂。哈尔滨市应充分抓住冰雪文化的特色和优势，并不断创新，提升冰雪文化的内涵和鲜明特色，努力打造哈尔滨城市发展的主题文化。

哈尔滨市应该将最具特色的冰雪文化与其民俗文化、建筑文化、红色旅游文化、啤酒文化、宗教文化等融合起来，形成多元化的特色冰雪文化，不断提升文化的内涵和品质。

第二，开发并完善丰富多样的冰雪旅游产品。

在哈尔滨冰雪大世界、哈尔滨太阳岛雪雕博览园、哈尔滨兆麟公园冰灯游园会等冰雪观光产品日益丰富、成熟的基础上，在创建冰雪名城的进程中，哈尔滨市还要重点打造其他丰富多样的冰雪旅游产品，如冰雪体育产品、冰雪娱乐产品、冰雪服务产品、冰雪饮食产品、冰雪装备产品、冰雪博物馆及冰雪纪念品等，形成丰富多彩、独具特色的冰雪产品体系。

第三，塑造冰雪城市形象，提升管理和服务质量。

根据前文的研究结果可知，冰雪旅游消费者对哈尔滨市冰雪旅游的资源以及冰雪旅游设施的满意度较高，但对哈尔滨的冰雪旅游环境及旅游管理和服务等的感知与满意度却较低。而良好且完善的旅游管理以及服务，都是体现城市形象的重要方面。另外，城市的生态环境也是城市形象的重要体现，哈尔滨市不仅旅游管理混乱，服务水平差，还存在严重的环境污染问题，尤其是冬季的空气污染每年都很严重。这些问题严重损毁了“冰城”的美丽形象。在创建冰雪旅游名城的过程中，尤其应该注重解决上述问题。同时，要注重对冰雪旅游名城的形象塑造进行广泛的宣传和推广，以使城市中的市民都能认同哈尔滨市创建世界冰雪名城的理念和信念，并努力使他们从自身做起，为创建冰雪名城贡献每位市民的力量，从而从整体上提升哈尔滨城市的知名度、影响力和魅力。

6.5　建设特色冰雪小镇战略

2016 年 7 月 1 日，住房和城乡建设部、国家发展和改革委员会、财政部联合发布通知，决定在全国范围内开展特色小镇培育工作，通知提出到 2020 年，在全国培育 1000 个左右各具特色、富有活力的，集休闲旅游、商贸物流、现代制造、教育科技、传统文化、美丽宜居等为一体的特色小镇。培育特色小镇的目的，主要是打造特色鲜明的产业形态，和谐宜居的美丽环境，彰显特色的传统文化，提供便捷完善的设施服务，建设充满活力的体制机制。在该政策的推动下，特色小镇建设在近年来得到大力发展。

特色小镇，实质上是“非镇非区”性质的，它不是行政区划单元上的一个镇，也不是产业园区的一个区，而是按照创新、协调、绿色、开放、共享的发展理念，结合自身特质，找准产业定位，进行科学规划，挖掘产业特色、特色人文底蕴和生态禀赋，有明确的产业定位、文化内涵、旅游特色和一定的社区功能，形成“产、城、人、文”四位一体、有机结合的重要功能平台。

随着冰雪旅游的升温，冰雪特色小镇（小城）越来越成为关注的热点。在国家大力提倡发展冰雪产业、普及冰雪运动的机遇背景下，尤其是2016年11月25日，国家发展改革委、国家体育总局、教育部、国家旅游局联合发布的《冰雪运动发展规划（2016～2025）》，以及2017年5月9日，《体育总局关于推动运动休闲特色小镇建设工作的通知》等政策文件中，都明确提出了要着重建设冰雪特色小镇、冰雪运动特色小镇等方面的建议。相关政策措施极大地推动了中国冰雪特色小镇的建设与发展。

冰雪特色小镇将成为发展冰雪产业的最好载体，成为冰雪产业主要的受益者之一。据统计，2017年，中国国内已建成26个特色冰雪小镇，到2022年，中国建成的冰雪小镇预计将超过50个，迎来冰雪旅游市场的爆发期。根据国家公布的第一批及第二批特色小镇名单，黑龙江省牡丹江市渤海镇、尚志市一面坡镇、大兴安岭漠河县北极镇、齐齐哈尔市甘南县兴十四镇被遴选为中国第一批和第二批特色小镇。其中，大兴安岭漠河县北极镇早就是闻名遐迩的冰雪名镇，拥有“极北、极寒、极光、极雪、极景”等独特的冰雪资源，享有“神州北极”的美誉。牡丹江市渤海镇、尚志市一面坡镇可以借助特色小镇的建设，打造成未来的冰雪特色名镇，尤其是一面坡镇，毗邻亚布力滑雪旅游度假区，具有建设冰雪特色名镇的基础和资源优势。

根据工业和信息化部发布的《2019中国产业特色小镇白皮书》中的相关数据，黑龙江省目前的冰雪特色小镇，没有一个进入2018～2019年度全国冰雪小镇前10名的行列中，如表6-1所示。这说明黑龙江省冰雪小镇的发展优势及特色并没有充分显现出来，未来还需要进一步提升冰雪小镇的特色、内涵以及品牌、形象等，将独特的资源优势转化为经济发展的强大优势。

表6-1　2018～2019年度全国冰雪小镇前10名名单

排名	小镇名称	投资运营商
1	云顶密苑・太子滑雪小镇	马来西亚卓越集团、云顶集团
2	富龙四季滑雪小镇	富龙集团
3	太舞滑雪小镇	崇礼太舞旅游度假有限公司
4	吉林松花湖冰雪小镇	万科集团
5	长白山・鲁能胜地	鲁能集团有限公司
6	腾冲启迪冰雪小镇	启迪控股股份有限公司
7	长白山冰雪小镇	万达集团

续表

排名	小镇名称	投资运营商
8	新雪国温泉冰雪小镇	新雪国集团
9	梅里雪山小镇	华侨城云南集团
10	重庆奥悦冰雪小镇	北京奥悦冰雪旅游投资集团有限公司

资料来源：工业和信息化部.《2019 中国产业特色小镇白皮书》。

从表 6-1 中的位列全国前 10 位的冰雪小镇的建设发展来看，它们的成功，除了良好的资源优势以及政府的优惠政策引导外，更重要的是吸引了强大的社会资本投资。例如，黑龙江省的近邻——吉林长白山冰雪小镇，就是因为近些年万达集团的大力投资建设才得以快速发展。这也为黑龙江省特色冰雪小镇的建设提供了良好的经验借鉴。

从世界著名的冰雪小镇的建设发展经验来看，这些小镇能成为世界著名的特色冰雪小镇，如法国夏蒙尼小镇、新西兰的皇后镇、加拿大的惠斯勒镇、瑞士的达沃斯小镇等，很大的原因是它们在充分挖掘利用特色冰雪资源的基础上，政府进行科学的规划，并采取市场与政府密切合作的模式，同时，还持续不断地进行冰雪项目的创新。未来黑龙江省特色冰雪小镇的建设，在依托特色冰雪资源的基础上，在做好充分规划的基础上，可以重点考虑采用政府与私营组织合作（public-private partnership，PPP）模式，充分吸引社会资本甚至海外资本投资建设冰雪小镇。同时，要充分挖掘小镇所具备的优势自然资源和特色文化资源，创建小镇独有的特色标示符号，形成小镇自身的特色品牌，培育或者引入特色精品冰雪项目，并持续不断地进行创新发展，积极进行产业转型和产业融合发展。此外，还可以充分吸收和借鉴国内外冰雪特色小镇的典型案例和成功经验，努力打造“冰雪+体育+旅游+文化+民俗”的四季多元拓展思路，着力开发冰雪休闲度假、冰雪观光体验、冰雪民俗等多类型冰雪旅游产品，发展全季节的休闲文旅小镇，最终打造黑龙江省冰雪旅游和冰雪经济新的增长点。

6.6　产业融合发展战略

产业融合是一种新的产业发展模式，是指在时间上先后产生、结构上处于不同层次的农业、工业、服务业、信息业、知识业在同一个产业内部、产业链上、产业网中相互渗透、相互包含、融合发展的产业形态与经济增长方式，是用无形渗透有形、高端统御低端、先进提升落后、纵向带动横向，使低端产业成为高端产业的组成部分、实现产业升级的知识运营增长方式、发展模式与企业经营模式。旅游产业是指旅游行业和与旅游行业密切相关并为其提供文化、信息、人力、物力、财力、智力等物质或非物质服务与支持的产业（马勇和周霄，2003）。从旅游产业的内涵来看，旅游产业与其他产业具有天然的融合性，所以冰雪旅游产业自身与其他产业也有着天然的融合性。冰雪旅游产业的融合发展一方面体现在冰雪产业自身产业体系上各产业的融合，如冰雪旅游产业与冰雪体育、冰雪装备、冰雪文化等产业的融合发展模式，这种模式实质上属于一种产业链延伸的融合模式；另一方面体现在冰雪旅游产业与冰雪产业体系外部其他产业的融合上，如冰雪旅游产业与互联网、大数据等信息产业的融合、与金融等相关服务产业的融合等，这是任何产业未来发展的一种必然趋势。

现阶段黑龙江省冰雪旅游产业的发展过程中，产业融合的态势已经在近几年有所显现，尤其是冰雪旅游产业与冰雪文化产业、冰雪体育产业的融合发展，已经初具成效。从现实的发展来看，冰雪旅游产业与冰雪体育产业、冰雪文化产业的融合，可能比较容易，也是具有一定内在基础的产业融合发展模式。

6.6.1 冰雪旅游产业与冰雪文化产业融合发展的路径

文化是冰雪文化旅游产业发展的核心和灵魂，就广义的内涵而言，文化是一个独特人群或社会团体的生活全貌（Raymond，1981），包括人们在长期生活中所创造的物质的和精神的成果，以及长期形成的社会风俗、习惯等。甚至可以认为文化就是“社会秩序、社会活动得以传播、再造、体验及探索的一个必要（虽然并非唯一）的表意系统”（Raymond，1981），因此，文化的发展过程中，必须探究文化受众群体对文化的体验、感知、消费、传播、再造等过程，而这一点也是旅游产业发展的核心目标所在。从这一点上来说，文化与旅游具有天然的融合点。从上文的分析中可以看出，旅游产业与文化产业是相互包含、相互融合的。旅游产业属于文化产业的一类，因而旅游产业不仅是一个文化性很强的经济产业，同时也是一个经济性很强的文化产业，两大产业融合发展具有天然的耦合性和共同的现实需求基础（程晓丽和祝亚雯，2012）。

随着人类文明的进步，任何商品都凝结着一定的文化内涵、文化附加值和文化特色。人类在开发利用冰雪资源、发展冰雪产业的过程中，以冰雪为内容和核心要素创造出丰富的有形与无形的冰雪物质产品与精神产品，如冰灯、雪雕等冰雪有形艺术产品，凝结着一定的艺术文化、创意文化的内涵；冰雪渔猎、雪乡冰雪民俗等无形精神产品则凝结着一定的地方民俗文化的内涵和特色。随着时间的演化，社会经济的不断发展与进步，社会消费对商品中文化含量的需求也越来越高，为了满足社会消费的需求，冰雪有形与无形产品不断积累、汇集，不断创新与发展，逐渐形成了冰雪产业体系中特殊的产业形态——冰雪文化产业。

1. 冰雪文化

王清海（2011）认为冰雪文化的概念有广义和狭义之分，广义上的冰雪文化是指人类在冰雪自然环境和冰雪生活中从事社会实践过程中所获得的物质、精神的生产能力和以冰雪为内容创造的物质财富与精神财富的总和，包括冰雪饮食、冰雪服饰、冰雪建筑、冰雪交通、冰雪渔猎、冰雪体育、冰雪艺术、冰雪民俗、冰雪经贸、冰雪文学、冰雪旅游、冰雪文化教育及研究等。狭义的冰雪文化仅指人类在冰雪自然环境和冰雪生活中从事社会实践过程中所获得的精神财富的总和，包括冰雪体育、冰雪艺术、冰雪文学、冰雪旅游、冰雪科技等。李尚滨和张维泉（2001）认为“冰雪文化是在冰雪自然环境中生活的人们，以冰雪生态环境为基础，所创造的具有冰雪符号的生活方式”。

冰雪文化是冰雪自然环境与地区人文环境有机融合的产物。随着社会的不断进步与发展，以及人类对自然资源认识及利用的不断深化，文化的内涵和外延也不断被拓展。冰雪文化是人们对冰雪自然资源认识及利用的不断深化过程中，冰雪区域的人们在对冰雪资源的开发利用过程中所创造的全部文明成果，这些文明成果由最初的实用价值逐渐升华为艺术价值并衍生出经济价值的一系列文化形态。包括物质文明成果和精神文明成果，由此，冰雪文化可以分为两个层次，即冰雪物质文化和冰雪精神文化。冰雪物质文化是冰雪文化中的初级层次，冰雪精神文化则属于冰雪文化中的深层次的文化。

文化要想成为真正的文化物品，除了应具有文化的符号特征（即物质表征）外，还应具有文化的内在精神、情感、知觉和意义等（吕韫风，2008）。因此，冰雪文化资源要想成为真正的冰雪文化产品，除了要具有冰雪文化的物质表征外，更应该具有冰雪文化的精神表征，这是冰雪文化中更高层次的内容，是冰雪文化的核心。

人们开发利用冰雪资源形成的冰灯、雪雕、雪场等冰雪文化物质产品，是一种冰雪文化的图像符号，但是这些冰雪文化的物质产品要想成为真正的文化产品，并能带来更高的效益，更需要文化意味、文化精神、文化情感的体现和渗透。从1963年第一届哈尔滨冰灯游园会，到今天的哈尔滨冰雪大世界、哈尔滨太阳岛雪雕博览园、亚布力滑雪旅游度假区等著名的冰雪文化旅游景点的建设，以及景区的冰灯、雪雕等具体的物品，可以说冰雪文化中的物质文化已经很丰富了，但是冰雪文化中的文化意味、文化精神、文化情趣、文化感知与传播等，渗透进人们生活消费中并显现出来的过程和结果却并不明显。冰雪精神文化的形成及发展，需要在冰雪物质文化的基础上，对其进行充分的认知、思考，努力挖掘冰雪物质文化中所蕴含的冰雪文化的内在精神实质，并应该努力使这种冰雪精神文化随着冰雪物质文化的发展而得到传播、繁衍，这样才能保持冰雪文化的持续性。

2. 冰雪文化产业

冰雪文化产业是依托冰雪自然资源及冰雪文化资源为原材料生产物质产品、精神产品及进行相关服务的一系列企业的集合。受冰雪自然资源禀赋的影响，冰雪文化产业属于一类典型的资源型产业。该产业具有明显的生态性和区域自然垄断性，冰雪文化产业的发展主要依托冰雪自然资源和环境资源，因而表现出明显的生态性，同时冰雪自然资源的区域性分布，使该产业的发展呈现出明显的区域垄断性。当然，现代科技的进步与发展（如人造冰雪的出现）正逐步消除这种区域垄断性。

根据王清海（2011）对冰雪文化广义内涵的界定，本书认为广义的冰雪文化产业体系应该包括冰雪饮食文化产业、冰雪服饰文化产业、冰雪建筑文化产业、冰雪渔猎文化产业、冰雪体育文化产业、冰雪艺术文化产业（该产业更侧重冰雕、雪雕等冰雪雕刻艺术产业，目前已有哈尔滨市鸿腾达冰雪文化传播有限公司、哈尔滨海瑞冰雪雕塑工程有限公司等企业从事冰雪雕刻艺术产品的生产）、冰雪民俗文化产业、冰雪文学绘画艺术产业（该产业更侧重以冰雪为题材的小说、电影、绘画等的艺术创造产业，目前已有中国冰雪艺术研究院等相关组织在从事以冰雪为题材的学术研讨、书画创作、展览培训等活动，该研究院在长白山、霍林河等地均建有写生创造基地）、冰雪旅游产业、冰雪文化教育及研究产业等。本书的研究中将冰雪渔猎文化产业与冰雪民俗文化产业整合在一起，统称为冰雪民俗文化产业。同时，冰雪旅游产业是包含在冰雪文化产业体系中的，这也符合旅游产业内涵的界定。

黑龙江省依托丰富而独特的冰雪资源，大力发展冰雪文化产业，应该能有效推动黑龙江省整体文化产业的大发展，增强其竞争力。根据《中国省市文化产业发展指数报告（2014）》的测算结果（彭翊，2014），黑龙江省属于我国文化产业发展的弱势区域，2012 年其文化产业的综合指数在 70 以下。但是黑龙江省的文化产业的生产力增速很快，达到 1.4%，黑龙江省文化产业驱动力指数在若干区域中是最高的，但其增长趋势最慢。与全国其他省（区、市）相比，黑龙江省拥有丰富独特的冰雪文化资源，具有发展冰雪文化产业的绝对优势和基础。黑龙江省的冰雪文化产业依托区域独特的冰雪资源而表现出较强的区域竞争优势，其发展壮大必将有效推动黑龙江省整体文化产业的大发展，进而成为黑龙江省区域经济发展新的增长点。

3. 冰雪文化旅游产业

冰雪文化旅游产业是冰雪文化产业与传统的冰雪旅游产业相互融合发展而形成的新的产业形态，是对传统冰雪旅游产业的业态发展模式的创新，甚至可以说冰雪文化旅游产业是冰雪旅游产业演进发展到高级阶段的产业形态。与传统的冰雪旅游产业发展中单纯强调对冰雪旅游景点景区以及传统冰雪旅游物质产品的参观游览不同，冰雪文化旅游产业的发展过程中，更强调和突出冰雪文化的内蕴和价值，更强调游客（即受众群体）对冰雪文化内蕴和价值的感知和认同。可以说文化是冰雪文化旅游产业内在的本质属性和核心，旅游是其功能属性。

冰雪文化旅游是旅游目的地通过提供冰雪文化旅游资源及旅游产品等旅游吸引物，使旅游者参与冰雪文化旅游活动，消费冰雪文化旅游产品的一种旅游活动。根据世界旅游组织的论断以及上文中的相关论述可知，旅游产业发展的范畴一直都包含有文化的内容。随着文化产业的发展，以及文化产业与旅游产业的逐渐融合发展，文化产业的发展中也越来越包含有旅游的内容，而且，文化越来越成为旅游产业中的重要内容，受到各个旅游地区的重视。因此，冰雪文化旅游产业的发展有着天然的内在基础。冰雪旅游与冰雪文化的融合发展逐渐形成了新的产业形态——冰雪文化旅游产业。

2016 年 12 月《“十三五”旅游业发展规划的通知》(国发〔2016〕70 号)(简称《通知》)中明确定位了“旅游业全面融入国家战略体系，走向国民经济建设的前沿，成为国民经济战略性支柱产业”。《通知》中还指出要大力发展冰雪旅游，以办好 2022 年冬奥会为契机，大力推进冰雪旅游发展。支持黑龙江、吉林等地做好冰雪旅游专项规划。建设一批融滑雪、登山、徒步、露营等多种旅游活动为一体的冰雪旅游度假区或度假地，推出一批复合型冰雪旅游基地，鼓励冰雪场馆开发大众化冰雪旅游项目等。黑龙江省在区域经济转型发展的过程中，将冰雪文化旅游产业作为地域经济转型发展的新增长点，作为区域经济的支柱性产业具有绝对的基础和优势，在 2022 年冬奥会的影响下，要抓住国家大力推进旅游产业发展的各种良机，努力推进黑龙江省冰雪文化旅游产业的大发展，提升产业发展效率及可持续发展的能力。

同时，《通知》中也指出，依靠景点景区、宾馆饭店等基础旅游要素的发展模式，已经不能适应大众旅游新时代的要求。“十三五”时期，必须创新发展理念，转变发展思路，加快由景点旅游发展模式向全域旅游发展模式转变，促进旅游发展阶段演进，实现旅游业发展战略提升。因此，传统的冰雪旅游产业也必须要摆脱单纯依靠基础旅游要素的发展模式，进行创新发展，转型升级。传统的冰雪旅游产业因为文化的渗透而变得丰富多彩，更富有品位，也使得传统冰雪旅游产业的发展演进到一个新的发展阶段，促进了传统的冰雪旅游产业的转型升级和战略提升，其竞争力和可持续发展的能力也更强。这也进一步证明了冰雪旅游产业与冰雪文化产业融合发展的战略能有效提升冰雪旅游产业的竞争力及效率。如上文所述，黑龙江省冰雪旅游产业及冰雪旅游产品中文化内涵的体现越来越凸显，但是还远没有实现产业融合发展的实质性突破，未来需要在这方面着力加强。

6.6.2 冰雪旅游产业与冰雪体育产业融合发展的路径

如果对冰雪旅游产业进行追根溯源，实质上它起源于人类最早期的冰雪运动（活动）。最早，人们对冰雪内在价值的认识，仅止于一些传统冰雪活动的体验，如滑冰、滑雪活动等，冰雪活动的产生最早源于寒地民族的生存与发展，是一项充满浪漫与刺激的古老运动。如今，滑雪早已发展成为很受欢迎的冬季休闲运动之一，也是冰雪旅游中的重要项目，冰雪旅游的繁荣发展，提高了大众对冰雪体育运动的兴趣度和参与度，“冬奥效应”更是激发了民众对冰雪体育旅游的热情。

冰雪体育旅游是以冰雪体育活动为主要内容吸引游客反复消费的体验式旅游门类，是国内旅游产业的新兴力量，具有巨大的发展空间。

2016 年中共中央 国务院印发的《“健康中国 2030”规划纲要》中明确指出：积极培育冰雪、山地、水上、汽摩、航空、极限、马术等具有消费引领特征的时尚休闲运动项目。2016 年 11 月，国家发展改革委、国家体育总局、教育部、国家旅游局共同印发的《冰雪运动发展规划（2016～2025）》中提出，我国冰雪运动产业已经初步形成了以健身休闲为主，竞赛表演、场馆服务、运动培训和体育旅游等业态协同发展的产业格局。2017 年，国家旅游局办公室和国家体育总局办公厅联合印发了《关于开展“国家体育旅游示范基地”创建工作和“国家体育旅游精品赛事”申报工作的通知》（旅办发〔2017〕165 号）；在各地自愿申报和各省（区、市）旅发委（局）、体育局推荐的基础上，经国家旅游局、国家体育总局组织专家评审，最终认定并对外公示了首批 30 个“国家体育旅游示范基地”创建单位，以及 33 个“国家体育旅游精品赛事”。天津蓟州国际滑雪场、张家口市万龙滑雪场、北大壶体育旅游经济开发区、亚布力滑雪旅游度假区 4 家单位均被列为“国家体育旅游示范基地”创建单位。亚布力滑雪旅游度假区的入选，也证明了黑龙江省具备了发展冰雪体育旅游的基础和实力。

黑龙江省尤其是哈尔滨市是我国开展冰雪体育运动与冰雪体育活动最早的城市，有着深厚的发展冰雪体育运动与冰雪体育活动的自然条件和群众基础，并为国家培养了一大批优秀的冰雪体育运动员。一直以来，哈尔滨市高度重视群众性冰雪体育活动与冰雪体育运动的开展，构建了冰雪体育生态圈的“一核、一圈、两带、多组团”的格局，冰雪体育文化在群众中日渐普及，呈现出哈尔滨全市大众上冰雪活动由城区向乡村延伸、冰上向雪上延伸、青少年向市民延伸的趋势。而且哈尔滨的冰场和雪场的数量相对全国其他地区也比较多，基本上已经实现了主城区“上冰雪”半径 2km 的辐射圈。全市“上冰雪”的参与人数也呈现快速增长的态势，2016 年 12 月为 95.4 万人次，2017 年 1 月达到 159.5 万人次，群众参与冰雪体育活动或者冰雪体育运动的积极性空前高涨，这为冰雪旅游产业与冰雪体育产业的融合发展奠定了很好的群众基础。黑龙江省应充分利用自身的冰雪资源优势及长期的冰雪体育运动基础和条件，大力发展冰雪体育旅游产业，采用多种措施，不断提升冰雪体育旅游产业发展的实力和竞争力。

第一，实施“国际冰雪体育旅游名城”战略。

冰雪体育旅游具有旅游时间长、消费水平高的特点，哈尔滨市发展冰雪体育旅游具有较大的优势和发展空间。应进一步强化顶层设计，对其进行重新定位，加大扶持力度，从文化、产业、基础设施和环境建设入手，努力开发、整合冰雪体育旅游资源，全面实施“国际冰雪体育旅游名城”战略，推进哈尔滨市冰雪旅游产业不断转型升级，打造新的旅游产业增长极。

第二，完善冰雪体育旅游产业体系。

应进一步调整冰雪旅游的产业布局、优化产业结构、完善产业体系，尽快建成以冰雪体育旅游为主导，冰雪健身休闲和品牌赛事为基础，冰雪运动装备制造业初具规模的冰雪产业体系。

应大力支持冰雪竞赛表演、体育旅游及体育培训等产业发展，扶持培育更多的冰雪体育产业消费热点，不断提高其在冰雪旅游产业中的比重。应实施冰雪体育精品工程，支持各地打造一批优秀的冰雪运动俱乐部和示范场馆，争取举办更多高层次的国际性和商业性品牌冰雪体育赛事机会，促进哈尔滨市尽快成为国际国内大型冰雪体育赛事承办地。应利用哈尔滨市老工业基地的企业、设备和技术优势，研发生产目前需求旺盛、尚有空白的雪地摩托、造雪机和压雪机等冰雪机械装备，迅速占领国内市场。

6.7 本 章 小 结

产业发展战略为产业的发展提供了明确的发展方向和路径。本章基于前文的研究结果，从提升黑龙江省冰雪旅游产业发展效率，增加冰雪旅游消费者获得性和满意度的角度，基于国内外的大背景，提出了黑龙江省冰雪旅游产业发展的具体战略模式，如产业集群化发展战略（这部分内容将以冰雪旅游产业园区的建设为研究主体，在后面单独一章进行深入分析）、国际化发展战略、龙头引领+产业联动战略、创建国际冰雪名城战略、建设特色冰雪小镇战略以及产业融合发展战略，并具体分析了每一个战略的具体战略路径或战略措施。

第 7 章　黑龙江省冰雪旅游产业园区建设研究

黑龙江省具有发展冰雪旅游产业得天独厚的冰雪自然资源，冰雪旅游产业成为黑龙江省经济发展的支柱性产业，具有绝对的自然优势，但是按照产业发展的一般规律，某一产业要成为地区经济的支柱性产业，还应该具有产业规模大、产业集中度高、产业关联性强、产业融合度高等特征（史征，2013），而产业园区的建设与发展将使某一产业的发展具有上述特征，并能有效提升该产业的发展效率及竞争力。因此，在面对外界强有力的竞争压力的态势下，黑龙江省冰雪旅游产业发展效率的提升，除了要努力增加冰雪文化的内涵外，还应该通过冰雪旅游产业园区的建设，形成冰雪旅游产业集群式发展的态势，有效提升冰雪旅游产业的发展效率及发展质量。

7.1　冰雪旅游产业园区的内涵与建设目标

7.1.1　冰雪旅游产业园区的内涵

Peddle（1993）认为，产业园区是一大片土地细分后进行开发，供一些企业同时使用，以利于企业的地理邻近和共享基础设施。联合国环境规划署（United Nations Environment Programme，UNEP）认为，产业园区是在一大片的土地上聚集若干个企业的特殊区域。它具有如下特征：开发较大面积的土地；大面积的土地上有多个建筑物、工厂以及各种公共设施和娱乐设施；对常驻公司、土地利用率和建筑物类型实施限制；详细的区域规划对园区环境规定了执行标准和限制条件；为履行合同与协议、控制与适应公司进入园区、制定园区长期发展政策与计划等提供必要的管理条件。产业园区是产业集聚的载体，是政府或企业为了促进某一产业的发展目标而创立的特殊的区位环境，是区域经济发展、产业调整升级的重要空间聚集形式，担负着聚集创新资源、培育新兴产业、推动城市化建设等一系列的重要使命。产业园区能够有效地创造聚集力，通过共享资源、克服外部负效应，带动关联产业的发展，从而有效地推动产业集群的形成。产业园区是通过某一个或某些产业的相关活动，各产业的相关主体，相互作用并得以决定其一切交易或契约关系的一种空间组织形式或制度安排（占绍文和辛武超，2013）。它是将一群产业属性相同或相近的企业因地域性、功能性、目标性、互补性等关联性需求而把这些企业主体群聚在一起，同时在上下游产业链及相关支持性、服务性行业方面形成周边群聚的作用（陈春霖，2016）。

我国产业园区的创建可分为政府主导创办产业园区和市场自发形成的产业园区两类。政府主导创办的产业园区是各级政府出于发展区域经济而主动设立的，其规模较大，企业数量往往较多，行业类型也较为丰富。市场自发形成的产业园区是在当地某些产业已经有了一定发展和集聚的基础后，政府为更好地满足当地中小企业发展的需要而事后批准设立的，规模相对较小（杜罗莎等，2019）。黑龙江省冰雪旅游产业在长期的发展过程中，基本上是政府主导创办的发展模式，因此，就目前冰雪旅游产业的发展状态而言，应该采用政府主导创办冰雪旅游产业园区的形式，在产业园区后续的发展进程中，再逐渐向市场自发形成的模式转型。

冰雪旅游产业园区是冰雪旅游产业集群化发展的一种实践体现，也是促进冰雪旅游产业集群化发展的一个重要载体，是政府为实现冰雪旅游产业持续发展目标而创立的特殊区位环境，是一种介于政府、市场、企业之间的新型社会经济组织和企业发展平台，其运行能产生巨大的经济效益，能有效地创造聚集力，通过共享资源，克服外部效应，带动关联产业的发展，进而有效提升冰雪旅游产业的竞争力和发展效率。

7.1.2　冰雪旅游产业园区的建设目标

黑龙江省冰雪旅游产业园区的建设目标是促进单纯粗放的冰雪资源旅游向内涵型、高效率的冰雪文化旅游转变。2009 年，国务院将发展文化产业列为国家发展战略，并颁布了《文化产业振兴规划》（简称《规划》）。《规划》中明确提出要加快文化产业园区及基地建设。2010 年，文化部颁布的《关于加强文化产业园区基地管理、促进文化产业健康发展的通知》中强调，要通过宏观调控和政策引导，以特色文化资源优势和科学技术的结合，以龙头企业、重大项目为依托，培育壮大文化内容突出、特色鲜明、创新发展、符合市场需求的文化产业园区、基地。与其他省（区、市）相比，黑龙江省拥有独特的冰雪自然资源，同时，在长期的生产生活中也形成了独特的区域寒地传统文化，如满族、赫哲族及鄂伦春族在长期生产生活中形成的独特民俗文化，这些文化与地区独特的冰雪自然资源相融合，即形成了独具特色的冰雪文化。因此，黑龙江省建设冰雪文化旅游产业园区具有国家所要求的特色文化资源优势，同时，近年来，黑龙江省冰雪旅游产业的大发展，也使得冰雪文化旅游产业园区的建设具有很好的市场需求。

7.2　冰雪旅游产业园区发展现状

建设冰雪旅游产业园区，将有利于优化冰雪旅游产业的总体布局，并形成良好的产业链条，促进冰雪旅游产业的集群式发展。产业园区是市场经济条件下旅游产业建设发展的新形态，是产业集群化发展的重要载体，是以“旅游+文化”为主题的体验式休闲旅游消费区，具有完整的管理体系和管辖区域。冰雪旅游产业园区应该以“冰雪旅游+冰雪文化”为主线，将其贯穿于全部冰雪旅游产业园区内，并以旅游产业为核心，整合调控全部冰雪自然资源和冰雪文化资源，构建完备的集饮食、住宿、交通、游览、购物、娱乐于一体的旅游产业要素体系，形成冰雪产业、文化产业和旅游产业的有效融合发展。

目前，黑龙江省冰雪旅游产业的发展已经具备一定的规模和成效，但尚未形成集群化的发展态势，其规模效益、集聚效益都不强。冰雕、雪雕等冰雪艺术文化产业，虽然已经形成了哈尔滨冰雪大世界、太阳岛雪雕博览园、中国雪乡等拥有较大规模地域范围的冰雪旅游区域，但是它们还不能称为冰雪旅游产业园区。此外，著名的黑龙江省亚布力滑雪旅游度假区，主要由风车山庄、国家体委、交通山庄，大青山滑雪场、通信山庄，电力山庄，云鼎山庄、雅旺斯、好汉泊雪场，以及农家院共同组成。按照产业园区的概念来衡量，亚布力滑雪旅游度假区也不能称为产业园区，因为园区内的企业比较单一，主要以滑雪场和宾馆、饭店等为主，虽然近年来增加了森林野生动物园、山地自行车主题公园等产品，但是在园区内并没有形成冰雪体育以及冰雪文化旅游产业的链条。因此，可以说目前在黑龙江省还没有形成真正的，具有集聚效益和规模效益的冰雪旅游产业园区。如前所述，黑龙江省的冰场、雪场多，但是却非常分散，重复性建设严重。因此，未来黑龙江省冰雪旅游产业的发展中，应该在现有的冰雪自然资源和冰雪文化资源的基础上，进行资源整合、创新，创建冰雪旅游产业园区甚至是冰雪文化旅游产业园区，从而促进黑龙江省冰雪旅游产业的集群式发展，以形成冰雪旅游产业的规模效益，提升冰雪旅游产业的整体发展效率和竞争力。

另外，根据河北经济网的报道，2017 年 11 月，河北张家口市紧扣冬奥会的筹办，突出“文化+冰雪运动”的主题和特色，重点打造了崇礼冰雪文化创意产业园区，并组织开展了“大好河山 • 圆梦冰雪”张家口首届冰雪文化创意产品设计大赛。此外，东北新闻网 2016 年 11 月 23 日的报道显示，马迭尔集团在辽宁铁岭的冰雪文化产业园项目定位于四季冰雪项目，计划占地 100 余公顷，拟投资 10 亿元，分三期建设。目前，一期“雪域花灯”项目设计规划基本完成。可见，国内部分省（区、市）的冰雪旅游产业的发展已经走向集聚化、规模化，已经出现了相关的冰雪旅游产业园区的雏形，这对黑龙江省冰雪旅游产业的发展以及冰雪旅游产业园区的建设带来了一定的冲击和压力。黑龙江省的冰雪旅游产业要想持续稳坐霸主地位，必须要谋求产业发展的新模式，走规模化、集聚化发展之路，而冰雪旅游产业园区的建设能实现上述目标。

此外，国家旅游局在 2017 年全国旅游工作会议上提出了我国旅游产业发展的“三步走战略”：第一步，从粗放型旅游大国发展成为比较集约型旅游大国（2015～2020 年）；第二步，从比较集约型旅游大国发展成为较高集约型旅游大国（2021～2030 年）；第三步，从较高集约型旅游大国发展成为高度集约型的世界旅游强国（2031～2040 年）。黑龙江省冰雪旅游产业的发展也必须紧跟中国旅游产业发展的大战略、大趋势，到 2030 年要努力实现较高集约型的冰雪旅游产业的发展态势。具有集群效益和规模效益的冰雪产业园区的建设，必将会为此目标的实现做出重要的贡献。

7.3　冰雪旅游产业园区的布局模式

产业园区是为了发挥产业的集聚作用，各产业领域中众多独立又相互关联的企业及相关支撑机构，在一定区域集聚并保持良好的专业化分工和协作关系所形成的产业组织。生产要素的集聚方式在一定程度上决定了产业园区的布局模式。生产要素的集聚方式通常表现为以下三种：①按照传统产业集群理论对产业生产要素集聚方式进行划分；②按照不同产业具体门类的要素集聚特征进行划分；③按照产业园区要素集聚不同表现形态进行划分（史征，2013）。本书认为，根据黑龙江省冰雪旅游产业发展的现实状况，按照不同产业具体门类的要素集聚特征进行冰雪旅游产业的集聚，并建设冰雪旅游产业园区，是当前发展状态下最容易，也是成本最低的一条冰雪旅游产业园区建设路径。基于此，作者认为，要提升黑龙江省冰雪旅游产业的发展效率及竞争力，未来黑龙江省应重点打造四大冰雪旅游产业园区，即冰雪体育旅游产业园区、冰雪雕刻艺术创意旅游产业园区、冰雪民俗文化旅游产业园区和冰雪艺术旅游产业园区。

7.3.1　冰雪体育旅游产业园区

冰雪体育旅游产业园区的建设，应以亚布力滑雪旅游度假区为核心布局区域，整合周边的滑雪场（如龙珠二龙山滑雪场等），吸引滑雪运动装备销售企业、滑雪人才培养和训练企业、滑雪（滑冰）文化宣传与推广企业、滑雪（滑冰）文化展览展示企业等冰雪体育产业链条上的相关企业和服务机构（如住宿、餐饮、购物、旅行社等企业），以及冰雪体育科研机构及体育院校、中国滑雪协会等进入园区，形成该园区的主要成员企业，通过科学规划和合理布局，进行产业链的整合。园区内的主要成员企业融合、协调发展，形成利益共享、责任共担的协同发展机制，把该园区打造成滑雪体育竞技与滑雪运动休闲体验、旅游度假复合型的冰雪体育旅游产业园区，提升其核心竞争力。依托现有的资源和优势，建成以市场主导的发展模式，努力将该园区建成国家级滑雪体育文化旅游产业园区。

该园区的主要任务应确定为，依托哈尔滨国际冰雪节及各类滑雪赛事、滑雪活动等，在向民众推广普及冰雪体育运动（主要是滑雪运动），提供优秀的滑雪体育竞技与滑雪运动休闲体验、旅游区域的同时，还应重点宣传、展示冰雪体育（滑雪体育）的传统文化及现代文化内容及文化的内在精神实质，使民众在从事滑雪体育运动（或活动），体验滑雪体育旅游的过程中，能充分感知传统冰雪体育文化的魅力及其在现代的演化与发展，体验现代冰雪体育与冰雪文化的融合和创新等，以从民众的内心深处提升民众对冰雪体育运动及冰雪体育旅游的热爱和传播。

7.3.2 冰雪雕刻艺术创意旅游产业园区

冰雪雕刻艺术创意旅游产业园区的建设，应该以哈尔滨冰雪大世界、太阳岛雪雕博览园为核心布局区域，融合哈尔滨兆麟公园冰灯游园会、松北万达城冰雪乐园、哈尔滨冰雪欢乐谷等冰雪项目，依托哈尔滨国际冰雪节、国际雪雕比赛、哈尔滨国际冰雪建造节等相关的大规模赛事和节庆活动，重点以冰雕、雪雕艺术创意企业（如哈尔滨鸿腾达冰雪文化传播有限公司、哈尔滨海瑞冰雪雕塑工程有限公司等），冰灯、雪雕文化宣传与推广企业（如国家文化出口重点企业——黑龙江冰雪艺术发展有限公司等）作为园区的龙头企业，吸引冰雪雕刻专业技术人员培训机构、相关高校及科研机构（如哈尔滨工业大学建筑学院等）和旅游服务机构（如住宿、餐饮、旅行社、金融等企业）以及哈尔滨冰雪雕塑行业协会、文化创意企业、冰雪雕刻艺术展示企业等入驻园区，将该园区打造成冰雪艺术创作、冰雪文化赛事举办、冰雪雕塑艺术产品展览与休闲观光游览为一体的复合型冰雪雕刻艺术创意旅游产业园区。

该园区属于一类艺术创作型的企业聚集区，是一种群体性的创意生产活动，有明确的市场导向，易形成产业链和规模效应。依托哈尔滨冰雪大世界、太阳岛雪雕博览园长期独特的市场定位及资源优势和品牌效应，努力将该园区建成国家级冰雪艺术创意文化产业园区，并坚持走市场发展的主导模式。

7.3.3 冰雪民俗文化旅游产业园区

冰雪民俗文化旅游产业园区的建设，应以中国雪乡和牡丹江雪堡为核心布局区域，集合二浪河原生态雪村、冰雪画廊、大秃顶子山、雾凇岛、雪乡文化展馆等冰雪旅游景点，依托牡丹江的“镜泊湖冬捕节”等节庆活动，融合具有寒地冰雪风俗习惯和历史民俗文化特色的项目及冰雪民俗文化展览展示企业、冰雪民俗文化旅游宣传推广机构、旅游服务机构（如住宿、餐饮、旅行社等企业）等入驻园区，将该园区重点打造成寒地冰雪民俗历史文化展览推广及观光旅游、研学旅游为一体的复合型冰雪旅游产业园区。该园区属于一类文化宣传教育的主题型冰雪文化产业园区，以寒地冰雪民俗历史文化的展览和展示及观光为主题特色。

7.3.4　冰雪艺术旅游产业园区

冰雪艺术旅游产业园区的建设，可以以坐落在哈尔滨市太阳岛的中国冰雪画派教学基地——于志学美术馆为核心企业，以中国冰雪画网、中国冰雪文化艺术网等网络平台为依托，吸引中国冰雪艺术研究院（已经开展了以冰雪为题材的学术研讨、书画创作、展览培训等活动，该研究院在长白山、霍林河等地均建有写生创造基地）、黑龙江省艺术设计协会、哈尔滨美术家协会、哈尔滨师范大学艺术学院及哈尔滨市的其他艺术院校、文学艺术组织、艺术展览馆等进驻园区，将该产业园区打造成以寒地冰雪为题材进行绘画、摄影、文学创作及作品的展览展示、交流研讨、人才培养及研学体验旅游为一体的复合型冰雪旅游产业园区。

7.4　冰雪旅游产业园区的发展模式

黑龙江省冰雪旅游产业园区的建设与发展，应该充分借鉴国内外各类型产业园区发展的成功经验，并充分考虑黑龙江省冰雪旅游产业发展的现实基础和状况，选择合适的园区发展模式，以促进冰雪旅游产业园区和冰雪旅游产业的发展。本书以三螺旋模型理论为指导，认为黑龙江省冰雪旅游产业园区的建设与发展应该采用“政府-产业（企业）-大学”三螺旋的发展模式。

三螺旋模型理论最早由 Etzkowitz 和 Leydesdorff 于 1995 年提出，用于分析大学、产业和政府三者之间的相互作用关系。该理论把大学、产业和政府比作三个螺旋，它们在保持自身独立身份的同时，又相互影响、相互作用，推动着创新系统螺旋式发展（Leydesdorff，2007）。三螺旋模型理论的核心思想是一个地区的企业主要负责将技术产品推向市场，大学作为一个地区智力资源的源泉，承担着基础研究和协助产业界完成市场推广应用的任务，而政府部门作为产学间各种资源交换的管理者、协调者负责宏观政策指导、产业规划和资金支持等（高运胜等，2013）。

冰雪旅游产业园区的运行及创新要素为园区不同主体所掌握。特别是当前黑龙江省的冰雪旅游产业的发展主要形成了以政府主导推动的模式，市场、产业主体（企业）及大学在冰雪旅游产业发展中的作用较弱。因此，在冰雪旅游产业园区的建设与发展过程中，政府、产业（企业）和大学应该并且也可以形成区域创新发展的三螺旋模型结构关系，三者互利融合，相辅相成，共同推动冰雪旅游产业园区的健康发展。冰雪旅游产业园区的“政府-产业（企业）-大学”三螺旋的发展模式如图 7-1 所示。

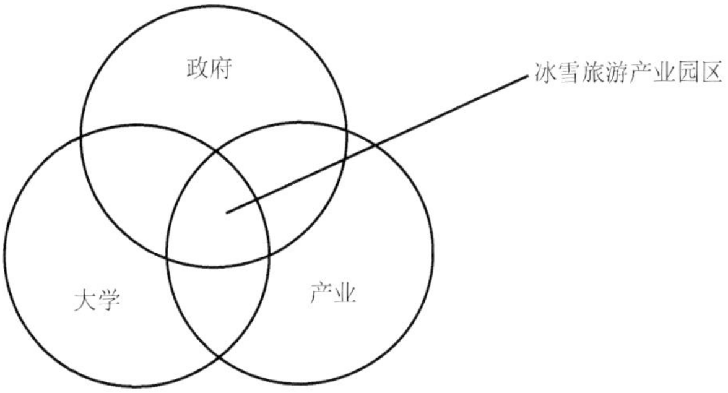

图 7-1　冰雪旅游产业园区三螺旋发展模式

在图 7-1 所示的三螺旋模型结构中，产业要素（重点指企业，也包括市场中介机构）具有较强的创新需求和较强的物质能力，能敏锐地捕捉到市场对冰雪旅游产业发展的需求并进行快速反应，因而产业特别是产业的主体——企业，应该是冰雪旅游产业园区建立和发展的核心主体力量。冰雪旅游产业园区建设具有较强的正外部性，因而园区的建设离不开政府的参与，政府应该成为冰雪旅游产业园区建立和发展中的区域政策和环境的创造者，重点在规划冰雪旅游产业发展布局、发展重点，规范冰雪旅游产业市场环境、管理和维护旅游市场秩序等方面发挥重要作用

大学拥有丰富的人才资源，是冰雪旅游产业园区建立和发展的智力支撑力量。三螺旋模型强调各个参与者的“互动自反”效应，其中，互动效应就是通过“市场、产业主体（企业）及大学”三方互动，形成三方网络和混合型组织；自反效应就是每一方在完成自身使命的同时也扮演其他参与者的角色（Leydesdorff and Meyer，2006）。具体而言，冰雪旅游产业园区的企业根据市场需求变化做出能动反应，既可以选择自主研发，也可以寻求同大学的合作，为冰雪旅游产品创新提供智力支持，以便保持市场领先地位；大学除了从事科学研究，也要同园区企业合作进行应用研发，致力于实现知识的使用价值，在园区内发挥强大的技术创新辐射作用。例如在“2017 哈尔滨国际冰雪建造节”上，由荷兰埃因霍芬理工大学

建筑环境学院和哈尔滨工业大学建筑学院、土木学院共同参与设计、实验与建造的主建筑弗拉明戈裙——“中华祥云塔”高达 30.5m，是目前世界上第一高的冰壳建筑。“中华祥云塔”在设计上结合了东方塔的雄壮力量和弗拉明戈舞的动感优美，既体现了中外文化的融合，也是力量与美相结合的表达。这一案例充分说明了大学在冰雪旅游产业发展中的重要作用。政府除了行使传统的宏观调控职能外，还通过政策和资金等措施鼓励与冰雪旅游相关的科技研究的开展，鼓励和引导园区企业与各大学加强联系，从而维持冰雪旅游产业园区的创新发展环境。

7.5　冰雪旅游产业园区运行机制

7.5.1　园区主导运行机制的选择

产业（企业）、政府和大学均可以成为冰雪旅游产业园区的主导力量，也各有优缺点。具体来看，一个冰雪旅游产业园区应该选择何种主导模式，要充分考虑园区的现实情况和未来发展图景。就本部分的研究内容中所构建的四大冰雪旅游产业园区而言，根据四大冰雪旅游产业园区各自的主导功能，本书认为，冰雪体育旅游产业园区可以选择产业（企业）为主导、政府和大学作为辅助的运行机制，着力打造冰雪体育运动及冰雪体育文化旅游产业链。冰雪雕刻艺术创意旅游产业园区可以选择“企业+大学”为主导、政府为辅助的运行机制，着力创造更丰富的、更具文化创造性的冰雪雕刻艺术产品，培养更多的冰雪雕刻文化创意人才。冰雪民俗文化旅游产业园区可以选择政府为主导，企业和大学为辅助的运行机制，政府应该提供有力的资金、技术与政策等方面的扶持和保障，大学主要应在寒地冰雪民俗文化的继承、发扬、教育和传播等方面发挥重要作用。冰雪艺术旅游产业园区可以选择大学为主导、企业和政府为辅助的运行机制，三方协同运作，在传扬寒地冰雪画的教育和人才培养以及画品展览、展示方面发挥重要作用。

在冰雪体育旅游产业园区、冰雪雕刻艺术创意旅游产业园区、冰雪艺术旅游产业园区的运行机制中，政府的辅助作用主要体现在：制定科学的园区发展规划，积极吸收和借鉴国内外著名产业园区建设的成功经验，并充分发挥黑龙江省的地域特色，积极探索具有黑龙江特色的冰雪旅游产业园区的发展路径。此外，政府还要承担起冰雪旅游产业园区发展所需要的政策保障、资金扶持等责任。

7.5.2　文化与旅游深度融合机制

如前所述，黑龙江省冰雪旅游产业的建设目标是要建成国家级的冰雪文化旅游产业园区，形成传统的冰雪旅游产业与现代的冰雪文化产业有效融合发展的新的产业形态。因此，冰雪文化旅游产业园区的建设与发展过程中，应该始终坚持走旅游产业与文化深度融合发展的运行机制。特别是在传统的冰雪旅游产业发展已经达到一定规模，且与外部新兴产业严峻的竞争态势下，未来冰雪旅游产业的可持续发展及创新性发展必须要将冰雪文化融入传统冰雪旅游产品中，突出冰雪文化的内蕴及价值，以满足游客在旅游过程中除了放松身心之外，还能增长知识，体验传统文化的价值，满足精神层面的高层次需求。

文化与旅游相生共兴，相辅相成。对游客来说，初级阶段是浮光掠影，高级阶段是精神愉悦和深度体验。特别是随着人们对精神生活质量的追求不断增长，越来越多的旅游者正进入深度旅游阶段，文化日益成为支配旅游活动的精神支柱和旅游经济的重要引领。旅游则是文化实现教化功能与娱乐功能的重要载体，是发掘、弘扬、优化、保护和丰富文化的有效途径。以文化为内容、旅游为平台的文化旅游产业呈现出前所未有的生机与活力。文化与旅游的融合就要进一步突出“旅游的文化性”，并强化“文化的旅游化”。这就要求在冰雪文化旅游产业园区的建设过程中，一方面要从文化的视角去看待冰雪旅游，重视冰雪旅游主体的文化特征，挖掘旅游客体的文化内涵，丰富旅游媒介的文化表达；另一方面要从冰雪旅游的视角去看待文化，在文化生产的过程中，重视对旅游市场的利用以及与旅游产业的融合，引导建设能够满足人民美好生活需求的旅游文化（宋瑞，2019）。

文化是冰雪文化旅游产业园区建设与发展的核心和灵魂。冰雪文化是冰雪自然环境与地区人文环境有机融合的产物，促进文化与旅游融合发展，是世界旅游发展的大趋势和旅游先进地区的成功经验。巴黎、伦敦、北京、西安、杭州等中外许多地方旅游业成功发展的经验表明，旅游与文化融合程度越高，旅游产品就越精粹，旅游吸引力就越强，旅游经济就越发达。因此，要加强文化与冰雪旅游的融合，大力发展冰雪文化旅游产业，深度实施冰雪文化与冰雪旅游的深度融合发展机制，从深度和广度上促进文化旅游相互融合，实现冰雪文化与冰雪旅游业的良性互动发展。

7.5.3 协同发展机制

冰雪旅游产业园区各利益方要重视组织协同机制的构建，以实现资源共享，最大限度地降低信息不对称，从而达到降低管理成本的目的。

第一，建立政府、企业、大学三个利益主体的协同合作机制。产业园区内的企业、大学和政府部门三者之间要通过科学合理的分工、设计实现各方利益的最大化，形成利益共享、责任共担的协同发展机制，切实提高产业园区的凝聚力和竞争力。

第二，区域合作协同发展机制。

根据移动数据观象台（Talkingdata）的《2016 中国冰雪旅游人群洞察报告》的数据，在游览了多个景区的游客中，有 83.6%的冰雪大世界游客选择太阳岛作为第二目的地景区，有 68.6%的亚布力滑雪旅游度假区游客选择冰雪大世界作为第二目的地景区，景区协同发展的联动效应明显，具有实现各产业园区协同发展的基础。

2017 年 1 月，黑龙江的《省委省政府关于加快我省冰雪旅游产业发展的实施意见》中，明确规划了未来黑龙江省冰雪文化旅游产业的建设重点，即建设“一区四带”，“一区”即打造哈尔滨都市时尚冰雪旅游区，“四带”即打造哈尔滨—亚布力—雪乡—镜泊湖滑雪旅游度假带，哈尔滨—大庆—齐齐哈尔—五大连池冷、热矿泉冰雪旅游带，哈尔滨—伊春—逊克森林冰雪旅游带，哈尔滨—漠河极寒冰雪旅游带。

冰雪旅游产业园区的建设过程中，可以通过哈尔滨都市时尚冰雪旅游区、哈尔滨—亚布力—雪乡—镜泊湖滑雪旅游度假带等的建设，将上述产业园区整合成一个大区域的冰雪文化旅游产业园联盟，发挥区域合作协同的发展机制，提升冰雪文化旅游产业园区的发展效率。

7.6　本 章 小 结

针对当前黑龙江省尚未形成真正的冰雪旅游产业园区的现状，以三螺旋理论为指导，构建了黑龙江省四个典型的冰雪文化旅游产业园区，即冰雪体育旅游产业园区、冰雪雕刻艺术创意旅游产业园区、冰雪民俗文化旅游产业园区、冰雪艺术旅游产业园区，提出了冰雪文化旅游产业园区应该实行“政府-产业（企业）-大学”三螺旋的发展模式，并认为总体上黑龙江省冰雪文化旅游产业园区的运行应该实施协同发展的机制和文化与旅游深度融合的机制，同时就四个典型的冰雪文化旅游产业园区而言，应该根据其发展目标及定位，实施不同的主导运行机制，如冰雪体育旅游产业园区可选择产业（企业）为主导、政府和大学作为辅助的运行机制；冰雪雕刻艺术创意旅游产业园区可选择“企业+大学”为主导、政府为辅助的运行机制；冰雪民俗文化旅游产业园区可选择政府为主导，企业和大学为辅助的运行机制；冰雪艺术旅游产业园区可以选择大学为主导、企业和政府为辅助的运行机制。

第 8 章　黑龙江省冰雪旅游产业效率提升的对策

东北地区拥有丰富的冰雪自然资源，在长期对冰雪资源的开发利用过程中，已经形成了较好的冰雪资源、冰雪文化产品，具备了建设具有区域特色的冰雪文化的基础和优势。黑龙江省应抓住 2022 年北京冬奥会带来的良好发展机遇，借助习近平总书记提出的“黑龙江的冰天雪地也是金山银山”的难得政策机遇，采取多种措施，促进黑龙江省冰雪旅游产业的大发展，进而打造有代表性的区域特色冰雪文化旅游区。

1. 强化传统冰雪旅游产业与其他产业的深度融合发展

从第 5 章对黑龙江省冰雪旅游产业发展效率内容的分析中可以看到，提升产业发展效率的重要途径在于强化冰雪旅游产业与其他产业的融合，进而产生协调效应，促进产业转型升级。树立“大冰雪经济”的发展理念，以冰雪旅游产业为切入点，发展以冰雪旅游产业为引领的复合型产业经济，推动传统冰雪旅游向泛旅游产业链转变，提升冰雪旅游产业在黑龙江经济发展中的作用。全面提升冰雪旅游产业的统筹功能，进一步将资源优势转化为产业优势，重点推动与冰雪健康产业、冰雪制造产业及冰雪体育运动产业的对接，整合黑龙江省优势的养生气候及优质的医疗疗养资源，构建集冰雪气候养生、冰雪温泉养生、冰雪运动养生、绿色食品养生等健康产业；利用国内庞大的冰雪装备制造业的空白，以冰雪旅游促进工业制造转型升级，从冰雪旅游相关服务产业延伸至冰雪旅游相关生产制造产业，大力发展黑龙江省冰雪装备制造业；以冰雪体育运动丰富冰雪旅游多样化，以冰雪旅游促进冰雪体育运动产业的发展，把体育产业和冰雪旅游产业规划、布局和运营结合起来，借鉴阿尔卑斯山脉冰雪运动产业发展的经验，以大型体育赛事和体育竞技活动为引擎，带动相关冰雪旅游产业蓬勃发展。通过资源整合，将冰雪旅游产业的带动作用充分发挥到相关产业中，实现冰雪产业间的融合与互惠互利，同时，注重与商贸、科教、农林产业的融合，实现产业链的延伸和产业互动。

在产业融合发展中，首先要着力加强冰雪旅游与冰雪文化的深度融合。如前所述，虽然近年来黑龙江省已经开始重视发展冰雪文化旅游，注重冰雪旅游开发中冰雪文化内涵的体现，但是在冰雪旅游产品的设计开发过程中，冰雪文化内涵和价值及文化精神的挖掘和体现仍需要进一步提升。应该说，当前黑龙江省正处于由单纯注重冰雪自然资源开发的传统冰雪旅游向冰雪文化旅游过渡的阶段，要想实现冰雪旅游与冰雪文化产业真正的融合发展，必须深入挖掘黑龙江省的地域及民众文化底蕴，并有效地将文化精神、文化价值、文化的内蕴力植入冰雪旅游产品或者旅游项目的开发设计中，实现传统的冰雪旅游资源与冰雪文化的深度融合。

此外，努力探索文化强省和文化旅游强省双重建设的路径，让冰雪旅游与冰雪文化产业相互促进并融合发展，依托黑龙江省冰雪文化、乡村文化、红色文化、民族文化、历史文化、农业文化等优势，创新发展冰雪艺术创作、冰雪文化演艺、冰雪文化商品及相关冰雪文化衍生品，借助旅游市场推动文化市场的发展，以冰雪旅游为独特的载体，更好地传播黑龙江省独特的文化产业。

黑龙江省拥有丰富的具有地方特色的地域文化，如黑龙江省赫哲族的渔猎文化、鄂伦春族的狩猎文化等北方少数民族所特有的民俗风情文化；曾参加世界文化和旅游博览会、被文化部列为"国家级非物质文化遗产"称号的"方正剪纸""海伦剪纸"等民间艺术文化，以及同样经国务院批准分别列入第一批和第二批国家级非物质文化遗产名录的达斡尔族的鲁日格勒舞和达斡尔族民歌的主体部分——"扎恩达勒"等少数民族歌舞等，都可以在哈尔滨国际冰雪节期间进行展示，并以这些文化案例为原型，雕刻形成具有地方民族文化特色的冰雕或者雪雕展品，借助冰雪的舞台，传扬黑龙江省的地方文化、民族文化，实现冰雪旅游与民族文化、地方特色文化的融合发展。

截至2019年，黑龙江省拥有227处重点文物保护单位，其中全国重点文物保护单位15处、省级重点文物保护单位212处。2018年，哈尔滨冰雪大世界中已经原景再现了圣·索菲亚教堂这样的重点文物保护性建筑，以及哈尔滨地标性建筑龙塔、火车站等。建议未来的哈尔滨冰雪大世界以及太阳岛雪雕博览园可以有计划地逐届展示这些被重点保护的历史建筑及其他文物，以彰显黑龙江省的历史文化底蕴，实现冰雪与历史文化的融合，进而提升冰雪文化旅游产业的文化内蕴力，增加黑龙江省冰雪旅游的吸引力，提升产业竞争力。

2. 大力提升冰雪旅游目的地品牌形象

品牌是给拥有者带来溢价、产生增值的一种无形资产，它的载体是用以和其他竞争者的产品或劳务相区分的名称、术语、象征、记号或者设计及其组合，增值的源泉来自消费者心中形成的关于其载体的印象（史征，2013）。如前所述，虽然哈尔滨冰雪大世界已经成为黑龙江省冰雪旅游产业发展中的一张知名名片，具备了独特的冰雪旅游产品品牌形象和效益，但是，黑龙江省冰雪旅游产业及旅游目的地整体的品牌形象仍不突出，竞争力不强。因此必须多措并举，着力提升黑龙江省冰雪旅游目的地的品牌形象。例如，可以将冰雪旅游主题宣传列入黑龙江省新闻媒体宣传工作要点，组织各级广播电视、报刊等主流媒体开设专栏、专题、专版，集中报道、深度访谈，围绕黑龙江省的冰雪旅游、冰雪文化、冰雪景观等主题进行广泛宣传。同时，用互联网思维加强市场营销。从第 3 章中的文本分析法研究中可以看到微博的重要性，黑龙江省冰雪旅游要更好地利用互联网手段，利用互联网上的旅游网站及时传播冰雪旅游信息，利用在线社区与用户互动，提高冰雪消费者的参与度和体验度。用大数据思维研究冰雪消费者的消费行为，增强营销精准度，不断扩大营销宣传面。

通过多角度施策、多政策组合，进一步提高游客对黑龙江省冰雪旅游目的地形象的感知价值，使游客对黑龙江省冰雪旅游产业和旅游服务持有良好的评价惯性与情感依赖，吸引更多的游客经常到此进行冰雪旅游消费，提高冰雪旅游产业的发展效率及竞争力。

3. 打造和提升独具特色的冰雪旅游产品和产业品牌

品牌是一个产业的经济价值与精神价值的双重凝聚，是产业发展中的重要无形资产，蕴涵着巨大的市场潜能。黑龙江省拥有独特的冰雪自然资源和自然环境，这形成了黑龙江省冰雪旅游目的地品牌形象最直接的基础和条件，如第 3 章的内容所述，这一点也是游客对黑龙江省冰雪旅游目的地品牌形象感知价值最高的方面。然后，当前中国的旅游产业发展正在从高速旅游增长阶段转向优质旅游的全新发展阶段，旅游者的旅游消费个性化、特色化、休闲化、品质化、多样化都更加明显，再加上全国其他冰雪区域冰雪旅游产业快速发展带来的竞争压力等，这些客观的现实情况都要求黑龙江省必须努力打造和提升独具特色的冰雪文化旅游产品和产业品牌。

黑龙江省冰雪旅游产业及旅游产品品牌打造及提升中，应该在持续保持住哈尔滨冰雪大世界、哈尔滨太阳岛雪雕博览园的品牌绝对优势的基础上，深入挖掘地方冰雪文化的内涵和特色，注重突出区域特色和优势，努力挖掘具有相对优势和特色的冰雪文化旅游产品，实施优惠政策，着力培育有地方特色的冰雪旅游产品品牌，制定冰雪文化旅游产业和产品品牌塑造与经营的具体战略规划；准确进行市场定位，树立并积极宣传冰雪文化旅游产业及产品品牌形象，使黑龙江省的冰雪旅游产业形成资源优势与品牌优势，进而增强其效率和竞争力。

4. 建设冰雪旅游产业园区品牌

产业园区品牌是一个产业园区基于其主导产品或服务所拥有的较强的产品生产能力、较高的服务能力及较好的市场占有率，而在一定区域范围内形成的知名度、美誉度和影响力。产业园区的品牌能有效吸引投资者和新的市场参与者，使园区内所有的参与者拥有一个共同的目标，协同合作在一个共同体内（Lundequist and Power，2002）。在明确了黑龙江省冰雪旅游产业园区建设的具体布局模式和运行机制的基础上，为了增强冰雪旅游产业的发展效率，促进黑龙江省冰雪旅游产业的集约式发展，必须加强和不断提升冰雪旅游产业园区的品牌建设及品牌影响力。

总体而言，政府应该强化对冰雪旅游产业园区品牌建设的宏观管理，发挥企业在园区品牌建设的主动性，为冰雪文化旅游产业园区的品牌建设搭建良好的平台和宣传渠道，并为企业进行园区品牌建设的创新活动提供优惠政策等相关保障。企业和大学应该积极主动寻求合作，不断创新，挖掘具有地方特色和优势的园区自主品牌，并在园区品牌建设规划方案和目标的引导下，共同进行品牌建设与推广活动，并积极倡导，共同维护好园区的品牌形象。

具体而言，①对于冰雪体育旅游产业园区，应该以亚布力滑雪旅游度假区这一核心企业品牌为园区的主导品牌，在原有品牌形象的基础上，进一步加强该品牌的建设与管理，并积极影响园区内的其他中小企业，重点打造园区的滑雪休闲度假品牌和滑雪运动竞技品牌。②对于冰雪雕刻艺术创意旅游产业园区，应该以哈尔滨冰雪大世界、哈尔滨太阳岛雪雕博览园为园区的主导品牌，在继续夯实这两大主导品牌形象的基础上，不断开拓创新，打造冰雪创意文化品牌，以吸引更多的年轻消费群体。③对于冰雪民俗文化旅游产业园区，应该以中国雪乡为园区的主导品牌，在原有品牌形象的基础上，进一步加强品牌的建设、管理及营销，重点加强良好品牌形象的提升与管理工作，以此影响园区内的其他企业，共同打造具有原生态的冰雪民俗文化旅游品牌。④对于冰雪艺术旅游产业园区，由于目前尚未形成一定的品牌基础，因此，该园区就不能像上述三大园区那样，主要依靠某一个或少数几个企业的品牌为主导来建设园区的品牌，而应该重点进行园区内企业品牌的创立与形成。可以首先选择园区的主导产业或产品，如冰雪绘画或者冰雪摄影等，通过政府-产业（企业）-学校（及其他研究机构）的协同合作，通过有效的创新和管理，创立园区的主导品牌，并积极进行品牌的营销与推广，以吸引更多的消费者。

5. 整治冰雪文化旅游市场秩序，提升品牌形象内在影响力

旅游市场是旅游需求市场与旅游供给市场的总和，反映着国家之间、国家与旅游经营者之间、旅游经营者之间、旅游经营者与旅游者之间错综复杂的经济关系。旅游市场秩序是衡量地区旅游产业发展水平的首要标准，旅游市场秩序也是影响旅游目的地品牌形象的重要因素。

黑龙江省冰雪旅游产业发展过程中，长期以来非常重视冰雪文化旅游需求市场的建设与发展，包括资源的投入、大力地推广宣传等，从而使黑龙江省冰雪文化旅游产业的需求市场规模逐渐扩大。然而，与日益扩大的冰雪文化旅游需求市场相比，黑龙江省冰雪文化旅游的供给市场尚不能完全与需求市场有效衔接，特

别是在供给市场的市场秩序维护、市场监管、相关的旅游供给服务质量和服务水平等方面的问题和矛盾突出，从而影响了黑龙江省冰雪文化旅游目的地品牌形象的内在影响力。例如，亚布力滑雪旅游度假区、中国雪乡原本与哈尔滨冰雪大世界一样，是具有非常强的品牌优势和竞争力的冰雪文化旅游目的地，但是近些年来，这些旅游目的地内部的市场秩序混乱，存在着乱收费、宰客等不良的现象，以及某些相关服务人员素质低、服务质量差等问题，这些现象和问题都极大地损毁了这些旅游目的地的品牌形象，也大大降低了这些旅游目的地的品牌吸引力和影响力（表 3-1）。

未来黑龙江省冰雪旅游产业要想健康持续地发展，政府必须严格规制冰雪文化旅游目的地的市场秩序，旅游行业各相关利益主体需要敢于担当、主动作为，形成标本兼治、综合治理的工作格局，建立市场监管的长效机制。具体而言，第一，政府应该制定并出台黑龙江省旅游市场秩序监督管理条例，明确政府对旅游市场的领导地位；明确各旅游相关部门的具体监管责任，建立旅游行政主管部门对旅游市场执法、投诉受理工作的有效协调机制；明确相关旅游企业的主体责任，要求各旅游企业要依照法律法规主动规范经营服务行为，提高服务品质。特别是要不断深化导游制度改革，健全完善导游人员准入、退出等工作机制，努力培养和建设一批高水平的优秀导游队伍。第二，不断创新旅游市场秩序监管方式、手段及监管机制等，健全和完善旅游市场监管标准，不断完善相关的法律政策体系，建立全方位的综合监管机制，不断提高旅游市场秩序的综合监管能力。

6. 提升冰雪旅游产品的供给质量，构建特色冰雪旅游产品体系

长期以来，黑龙江省冰雪旅游产品的供给结构以门票经济为生的观光型旅游产品为主，很多旅游活动也基本上是以一次性的观光游览为主，游客对冰雪旅游的感知价值和消费意愿都缺乏长久的持续性和惯性，这也影响了黑龙江省冰雪文化旅游产业的发展效率及长期的可持续发展。当前中国的旅游产业发展正从高速旅游增长阶段转向优质旅游的全新发展阶段，旅游者的旅游消费个性化、特色化、休闲化、品质化、多样化都更加明显，再加上其他冰雪区域冰雪旅游产业快速发展带来的竞争压力等，这些客观的现实情况都要求黑龙江省必须努力打造和提升独具特色的冰雪旅游产品，提高产品供给质量。

2020 年 9 月 14 日，中国旅游研究院在线发布了《中国国内旅游发展报告 2020》，核心观点和主要数据显示，虽然受疫情影响，但是总体上，国内旅游业发展的基本面未变。旅游接待规模保持稳固增长，由 2011 年的 26.41 亿人次，增长到 2019 的 60.06 亿人次，总体增幅为 127.41%，平均增幅为 10.96%，旅游收入规模保持稳固增长，收入规模从 2011 年的 1.93 万亿，增长到 2019 年的 5.73 万亿，总体增幅为 196.89%，平均增幅为 11.29%。可见旅游业的发展对国民经济的贡献越来越大。

这些数据表明大众旅游时代已经到来，人们的旅游消费需求也日益多元化，对旅游品质的要求越来越高。优质旅游发展的时代，要求黑龙江省冰雪旅游产业必须要实现从门票经济走向真正的产业经济，从单纯的观光景点旅游走向优质的全域旅游，为此必须实施旅游供给侧结构性改革，尤其是要大力提升冰雪文化旅游产品的供给质量，改善供给结构，满足旅游消费者的不同消费偏好。

冰雪旅游产品供给结构的改善上，首先，应在现有的观光游览型旅游产品的基础上，加强休闲度假型冰雪旅游产品的供给数量。其次，要强化冰雪旅游产品供给种类的多样化、差异化。如前所述，虽然黑龙江省冰雪旅游产业发展中已经形成了较为丰富多样的产品，但是很多产品都具有相似性或是完全雷同，如各种类型的滑雪节、雪地摩托、雪地汽车拉力赛等。因此，建议黑龙江省域范围内的各地市县应该充分挖掘本地的冰雪文化资源优势和特色，努力开发具有地域文化特色和优势的冰雪旅游产品，最终形成黑龙江省整体的、差异化鲜明的、丰富的冰雪文化旅游产品，吸引不同旅游偏好的游客，增加冰雪旅游产业的吸引力。

冰雪文化旅游产品供给质量的提升上，首先，要制定黑龙江省旅游产品质量等级评定标准，以此规范冰雪文化旅游产品的供给质量。其次，政府和企业应该不断加强冰雪文化旅游产品供给质量的管理和监督检查，保障高质量的旅游产品的持续供给。最后，要注重冰雪文化旅游产品供给质量中的文化质量及内涵的提升。

7. 加大市场主体培育，着力培育冰雪旅游龙头企业

黑龙江省冰雪旅游产业的发展过程，基本上是在政府主导推动下的发展模式，市场在黑龙江省冰雪旅游产业发展过程中的作用机制不明显，冰雪旅游龙头企业缺乏，这在某种程度上削弱了冰雪旅游产业的发展效率，特别是冰雪文化旅游产业园区的建设与发展，非常需要龙头企业的引领、带动和凝聚。为此，黑龙江省应该加大旅游市场主体培育，着力培育冰雪旅游龙头企业。为此应该有效放宽冰雪旅游产业的市场准入，为有实力、有作为的非国有资本投资冰雪旅游产业创造良好的政策环境和平等竞争的机会，在加强财政、金融、税收等优惠政策支持的同时，强化政府宏观调控和引导，保障非国有资本投资后要真正有所作为，并严格控制一些不合格企业进入市场，努力将有实力并愿意有所作为的企业培育成冰雪旅游的龙头企业，并促进其引领、带动作用的有效发挥。

8. 加强国际合作与交流，拓展冰雪旅游的国际市场

黑龙江省冰雪旅游产业的发展中，每年到访的游客基本上以国内游客占绝对的主体，国外游客占比不多。在全国加大入境旅游推广力度的指引下，黑龙江省应该在稳住国内市场的基础上，通过广泛的国际合作与交流，积极拓展冰雪文化旅游的国际市场。

中国·哈尔滨国际冰雪节与加拿大魁北克冬季狂欢节、挪威奥斯陆滑雪节和日本札幌雪节并称为国际著名的四大冰雪节，每个国家都有其独具特色的冰雪文化，黑龙江省应该多加强与这些国家中冰雪文化旅游方面的交流与合作，积极借鉴这些国家冰雪节中具有价值的经营理念和建设经验，以促进黑龙江省的冰雪文化旅游产业的发展。同时，通过各种形式的交流、互访，吸引这些国家的游客来黑龙江省感受和体验具有中国东北特色的冰雪文化、冰雪旅游。例如，芬兰驻华大使馆商务参赞习梓莫（Kimmo Siira）在2018年1月6日第三十四届中国·哈尔滨国际冰雪节暨第三届中国（国际）冰雪旅游峰会上发表致辞时就表示：黑龙江和芬兰有着天然的缘分，黑龙江的北极村有来自芬兰的圣诞老人，未来，希望加强中芬城市之间的交流，开通更多航线。同时，黑龙江省要不断完善国际旅游推广机制，进一步发挥旅游市场推广联盟作用，优选部分联盟项目先行先试，加大政策、资金的扶持力度。

9. 总结

黑龙江省应抓住2022年北京冬奥会带来的良好的发展机遇，以及国家相关政策的支持与保障，借助习近平总书记提出的“黑龙江的冰天雪地也是金山银山”的政策机遇，采取多种措施，促进黑龙江省冰雪旅游产业的大发展。在前面研究内容的基础上，本章提出了促进黑龙江省冰雪旅游产业可持续发展的具体对策，认为黑龙江省应该强化传统冰雪旅游产业与其他产业的深度融合发展；大力提升冰雪旅游目的地品牌形象；打造和提升独具特色的冰雪旅游产品和产业品牌；建设冰雪旅游产业园区品牌；整治冰雪旅游市场秩序，提升品牌形象内在影响力；提升冰雪旅游产品的供给质量，构建特色冰雪旅游产品体系；加大市场主体培育，着力培育冰雪旅游龙头企业；加强国际合作与交流，拓展冰雪旅游的国际市场。

第9章 结　　论

冰雪、森林与海洋已经被世界旅游组织认为是旅游业发展的三大重点资源。与全国其他省（区、市）相比，黑龙江省拥有丰富而独特的冰雪自然资源，具有发展冰雪旅游产业得天独厚的比较优势。2016 年 3 月 7 日，习近平总书记在参加十二届全国人大四次会议黑龙江代表团的审议时指出“绿水青山是金山银山，黑龙江的冰天雪地也是金山银山”。黑龙江省要把独特的冰雪自然资源优势真正转化为经济发展优势，真正变成经济发展中的“金山银山”。“冬奥效应”将带动 3 亿中国人参与冰雪体育运动，进而促进各地区冰雪旅游产业的大发展。黑龙江省冰雪旅游产业的发展已经初具规模，但是冰雪旅游产业整体的发展潜力、发展效率及其竞争力的提升，却受制于目前存在的一些突出矛盾和问题。目前，黑龙江省冰雪旅游产业的发展重点仍以“生产”为导向，对 “市场”的研究与培育仍有待进一步的投入与加强。受众群体的培育与壮大是冰雪旅游产业发展的核心，让冰雪旅游和冰雪文化的内在精神、情感和意蕴被受众群体感知，渗透进他们的旅游消费中并体现出来，这样才能真正体现冰雪旅游的内在生命力，进而提高冰雪旅游产业发展的效率和质量。基于此，本书从旅游消费者的感知、消费及产业发展效率的维度研究黑龙江省冰雪旅游产业发展问题，具有重要的理论与实践价值。

本书的主要研究工作及创新性结论如下。

第一，明确了黑龙江省冰雪旅游产业发展的理论基点，辨析了旅游感知、旅游消费与旅游产业效率之间的逻辑关系。以绝对优势理论、增长极理论、消费者行为学理论为研究的理论基础，明确了相关的核心概念，并重点辨析了旅游感知、旅游消费与旅游产业效率之间的逻辑关系。冰雪旅游产业的发展强调游客对冰雪旅游的文化内蕴和价值的感知与认同。本书认为，黑龙江省发展冰雪旅游产业具有绝对的冰雪自然资源优势，未来应该大力加强冰雪文化内蕴和价值的体现与传播，以增强黑龙江省冰雪旅游产业的市场获得性优势。冰雪旅游产业属于一类生态型产业，生态型产业具有明显的集聚效益，易形成产业园区，进而使得冰雪旅游产业成为黑龙江省地域经济转型发展的新增长极。在体验经济和服务经济的时代，要在对消费者行为模式、感知价值、消费倾向等充分了解的基础上，有效地拉动冰雪旅游产业的消费需求。

第二，评价了游客对黑龙江省冰雪旅游目的地形象的感知状况，实证研究了游客的感知与游客满意度及行为意愿的关系。从黑龙江省冰雪旅游目的地形象的现状出发，应用文本分析法和问卷调查法，实证分析了游客对黑龙江省冰雪旅游目的地形象的感知现状。结果表明，游客对黑龙江省冰雪旅游目的地整体形象的认同度普遍较高，感知评价是正向积极的。分项来看，游客对冰雪旅游资源形象的感知价值是最高的；其次对冰雪旅游设施的认同度和评价也较高；但是游客对冰雪旅游环境形象和冰雪旅游服务形象的感知评价水平则较低，表明黑龙江省冰雪旅游目的地的旅游环境和旅游管理与服务较差。基于相关的理论假设，采用偏最小二乘法结构方程模型（PLS-SEM），检验冰雪旅游目的地形象与游客的感知价值及满意度和行为意愿的关系。结果表明，黑龙江省冰雪旅游目的地形象对游客感知价值、满意度及行为意愿均有直接的正向影响，同时，冰雪旅游目的地形象在游客的感知价值、游客的满意度及行为意愿之间又具有传递性或中介效应，游客对冰雪旅游目的地的感知价值与满意度对游客自身行为意愿也产生显著正向影响。本书认为黑龙江省冰雪旅游产业的发展过程中，应该在保持住现有资源优势的基础上，着力提升冰雪旅游目的地的形象及游客对旅游目的地的认知感和满意度，以提升冰雪旅游产业的吸引力和竞争力。

第三，分析了黑龙江省冰雪旅游的消费现状及旅游者的消费偏好，实证检验了游客对冰雪旅游消费偏好选择的影响因素。从冰雪旅游消费规模、旅游消费者人口特征、客源地分布特征等方面分析了黑龙江省冰雪旅游消费的基本状况。从旅游动机、旅游信息的获取渠道、旅游产品选择、出游方式选择、旅游消费频率选择方面，重点分析了冰雪旅游者的旅游消费偏好。通过二元选择模型，从消费者个人特征、消费能力、消费认知与经历三个方面对旅游者消费偏好的影响因素进行了实证分析，结果表明，旅游者的学历、收入、对冰雪旅游的了解程度与旅游经历对旅游者的消费意向有显著的正向影响，同时，旅游者对冰雪旅游产品的了解程度影响旅游者对不同冰雪旅游产品消费的选择。

第四，比较分析了黑龙江省冰雪旅游产业的发展效率，研究表明，黑龙江省冰雪旅游产业的发展效率仍然位居全国各典型冰雪省（区、市）之首，但同时也面临着严峻的竞争压力和挑战。从黑龙江省冰雪旅游产业的发展现状出发，采用主成分分析法和数据包络分析法，选取全国 16 个典型冰雪省（区、市），通过各省（区、市）之间的比较，分析了黑龙江省冰雪旅游产业的发展效率，明确了黑龙江省冰雪旅游产业在全国的整体发展态势及所处地位。研究表明：①2015 年，中国冰雪旅游产业整体发展效率偏低，主要源于技术无效，因此通过完善管理、改进技术提升黑龙江省及其他各省（区、市）的冰雪旅游产业的发展效率。②各省（区、市）冰雪旅游产业发展效率差距较大，分化比较明显。在本书所选择的 16 个典型冰雪省（区、市）中，只有黑龙江省、四川省和重庆市的冰雪旅游产业发展效率较高，其经营活动均处于随机前沿面上，其他省（区、市）冰雪旅游产业发展效率水平均偏低。黑龙江省作为全国冰雪旅游产业发展的核心区域，其冰雪旅游产业的发展效率在全国处于领先地位，表明黑龙江省的冰雪旅游产业在全国仍然具有绝对的竞争优势。东北地区是全国冰雪旅游产业发展的核心区域，其冰雪旅游产业发展的综合效率值较高，这在很大程度上得益于黑龙江省冰雪旅游产业发展所做出的巨大贡献。但是内蒙古、四川、新疆以及北京、河北等省（区、市）冰雪旅游产业的快速发展及其所表现出来的强劲发展态势，给黑龙江省冰雪旅游产业的发展带来了严峻的威胁和挑战。未来黑龙江省应该不断强化管理，提升技术，扩大内涵生产，实施建设冰雪旅游产业园区的战略，走集约型的发展道路，以进一步提升其冰雪旅游产业的发展效率。

第五，分析了黑龙江省冰雪旅游产业发展的战略模式选择。基于前文对冰雪旅游产业的国际竞争态势、产业发展趋势及竞争对手的分析，根据黑龙江省冰雪旅游产业发展的现实状况，提出了未来提升黑龙江省冰雪旅游产业发展效率的具体战略模式选择，如产业集群化发展战略，建设冰雪旅游产业园区，这些是促进冰雪旅游产业集群化发展的重要力量；黑龙江省冰雪旅游产业发展，应充分利用“一带一路”建设的有利时机，大力拓展国际市场，并且面向国际市场，努力创建国际冰雪名城，打造冰雪特色小镇；旅游产业具有产业融合的天然属性，一方面要寻求冰雪产业体系内部各产业之间的融合，另一方面要寻求冰雪旅游产业与其他产业的融合。根据黑龙江省冰雪旅游产业发展的现状，短期内应该重点推动冰雪旅游产业与文化产业及冰雪体育产业的融合发展，以迅速提高冰雪旅游产业的发展效率及竞争力。

第六，设计了黑龙江省冰雪旅游产业园区建设的布局模式及运行机制。研究认为，虽然目前黑龙江省冰雪旅游产业的发展已经具备一定的规模和成效，但还没有形成真正的、具有集聚效益和规模效益的冰雪旅游产业园区。具有集聚效益和规模效益的冰雪旅游产业园区的建设，将为建成集约型的冰雪文化旅游产业态势，提升冰雪旅游产业发展效率及竞争力做出重要的贡献。研究认为按照不同产业具体门类的要素集聚特征进行冰雪旅游产业集聚，并建设产业园区是最容易，也是成本最低的一条建设路径。提出黑龙江省应重点打造四大冰雪旅游产业园区，即冰雪体育旅游产业园区、冰雪雕刻艺术创意旅游产业园区、冰雪民俗文化旅游产业园区和冰雪艺术旅游产业园区。分析了每个园区的具体布局模式及发展定位，提出了黑龙江省冰雪旅游产业园区的发展应该实施“政府-产业（企业）-大学”三螺旋的发展模式，并明确了政府、企业和大学的具体功能、定位及作用。研究认为总体上黑龙江省冰雪旅游产业园区的运行应该实施协同发展的机制和文化与旅游深度融合的机制，同时就四个典型的冰雪旅游产业园区而言，应该根据其发展目标及功能定位，选择不同的主导运行机制。

第七，提出了促进黑龙江省冰雪旅游产业发展及效率提升的具体对策。认为黑龙江省应该强化传统冰雪旅游产业与其他产业的深度融合发展；大力提升冰雪旅游目的地品牌形象；打造和提升独具特色的冰雪旅游产品和产业品牌；建设冰雪旅游产业园区品牌；整治冰雪旅游市场秩序，提升品牌形象内在影响力；提升冰雪旅游产品的供给质量，构建特色冰雪旅游产品体系；加大市场主体培育，着力培育冰雪旅游龙头企业；加强国际合作与交流，拓展冰雪旅游的国际市场。

冰雪旅游产业是一类特殊的资源型产业，也是一类新兴产业形态，对其发展问题的研究可以从多个角度、多个方面展开。本书抓住了冰雪旅游产业发展最核心的要素——“市场”，认为冰雪的内在精神、情感和意蕴必须要得到受众群体的感知，渗透进他们的旅游消费中并体现出来并能渗透进去他们的生活消费中并体现出来，这样才能真正体现冰雪旅游的内在生命力，进而提高冰雪旅游产业发展的效率和质量，以此切入，形成本书的研究视角，重点研究了黑龙江省冰雪旅游产业发展的游客感知、消费及发展效率问题。对于感知和消费问题的研究，主要是基于问卷调查的数据进行的，由于调查样本选择的随机性以及被调查者的主观性，可能会影响调查数据的质量，进而可能会使研究结果产生一定的偏差，未来将对此方面问题进行进一步科学的改进和更深入的研究。

参考文献

白凯，马耀峰. 2007. 旅游者购物偏好行为研究——以西安入境旅游者为例[J]. 旅游学刊，22（11）：52-57.

卞显红. 2005. 旅游目的地形象、质量、满意度及其购后行为相互关系研究[J]. 华东经济管理，19（1）：84-88.

曹继宏. 2006. 滑雪旅游目的地产品服务组合差异化探讨[J]. 商业经济，（7）：108-109.

曹士云. 2009. 黑龙江省冰雪文化产业集群的培育与发展[J]. 黑龙江社会科学，（1）：113-115.

曹亚东，安巍，陈泽奇. 2013. 辽吉黑冰雪体育旅游市场地位的研究[J]. 冰雪运动，（7）：86-91.

柴寿升，付艳慧，郭晶. 2009. 旅游目的地竞争力构成要素分析——以滑雪旅游为例[J]. 中国海洋大学学报（社会科学版），（3）：61-64.

柴寿升，李丽娜，颜荣成. 2016. 基于 IPA 模型和非结构分析的海滨城市旅游目的地形象感知研究——以青岛市为例[J]. 经济与管理评论，32（1）：119-125.

陈春霖. 2016. 探索文化产业园区与文化产业发展的几个问题[J]. 中国文化产业评论，（23）：70-80.

陈明秀. 2006. 吉林省冰雪旅游资源开发研究[D]. 长春：东北师范大学.

陈素平，高慈楼. 2015. 感知价值视角下的红色旅游体验研究——以韶山为例[J]. 湖南财政经济学院学报，31（2）：106-112.

陈曦. 2011. 黑龙江省冰雪旅游客源市场开发探讨[J]. 哈尔滨学院学报，32（11）：21-24.

程晓丽，祝亚雯. 2012. 安徽省旅游产业与文化产业融合发展研究[J]. 经济地理，（9）：162-165.

大卫·赫斯蒙德夫. 2013. 文化产业[M]. 张菲娜，译. 北京：中国人民大学出版社：12-13.

杜罗莎，张丹丹，陈驰. 2019. 产业园区转型升级过程中的政府职能定位[J]. 宏观经济管理，（7）：55-63.

房英杰，郭俊清，刘义峰，等. 2011. 黑龙江省滑雪旅游的连动效应与产业优势研究[J]. 哈尔滨体育学院学报，（6）：16-19.

冯美玲，陶萍. 2015. 黑龙江省冰雪旅游文化产业发展的灰色关联度分析[J]. 对外经贸，（5）：50-52.

甘静. 2009. 吉林省冰雪旅游开发研究[D]. 长春：东北师范大学：42-47.

高运胜，聂清，贺光辉. 2013. 三螺旋结构下台湾政产学合作模式分析——以新竹科学园区为例[J]. 高等工程教育研究，（6）：109-113.

郭安禧，黄福才. 2013. 旅游动机、满意度、信任与重游意向的关系研究[J]. 浙江工商大学学报，（1）：78-87.

韩春鲜. 2015. 旅游感知价值和满意度与行为意向的关系[J]. 人文地理，（3）：137-144.

河南文化旅游研究院. 2017. 中国文化旅游发展报告（2016）[M]. 北京：中国旅游出版社：1-2.

黄卉. 2012. 地方特色经济视角下的黑龙江省滑雪旅游产业发展研究[D]. 哈尔滨：哈尔滨体育学

院：25-37.
黄明. 2016a. 黑龙江省冰雪体育文化旅游发展现状与资源开发研究[J]. 当代体育科技，6（36）：181-182.
黄明. 2016b. 黑龙江省冰雪体育文化旅游发展现状分析及对策研究[J]. 内蒙古体育科技，（4）：24-26.
贾建忠，杨杨. 2012. 乡村徒步旅游游客感知价值对游客忠诚的影响研究——游客满意的中介作用[J]. 价值工程，31（17）：300-301.
贾斯丁·奥康诺. 2013. 艺术与创意产业[M]. 王斌，张良丛，译. 北京：中央编译出版社：106.
姜沣珊，贺小荣. 2016. 基于游客体验的哈尔滨冰雪旅游吸引力研究[J]. 价值工程，35（11）：73-75.
姜藤野. 2012. 吉林省冰雪体育产业可持续发展研究[D]. 长春：吉林大学：12-13.
鞠明海. 2015. 黑龙江省冰雪体育旅游产业集群发展对策[J]. 冰雪运动，（1）：90-93.
李博，刘万鹏，白冰. 2016. 黑龙江冰雪体育文化与其产业结构[J]. 中国商论，（35）：150-151.
李长柱，张大春. 2017. 体育产业集群与东北冰雪体育旅游产业集群构建的研究[J]. 当代体育科技，7（9）：183-184.
李传庆. 2013. 城市竞争力视角下哈尔滨冰雪体育旅游产业的效益研究[D]. 沈阳：沈阳体育学院：55-59.
李曼，陈静，周晶，等. 2013. 冰雪旅游市场及旅游者行为特征的实证分析——以吉林净月潭为例[J]. 江西农业大学学报（社会科学版），（3）：104-109.
李尚滨，张维泉. 2001. 冰雪文化与经济发展[J]. 冰雪运动，（3）：77-78.
李伟静，杨发鹏. 2015. 石窟文化旅游者感知价值概念模型构建[J]. 资源开发与市场，31（3）：361-366.
李艳红，金海龙. 2005. 旅游形象研究与乌鲁木齐城市旅游发展关系探讨[J]. 干旱区资源与环境，19（2）：122-126.
李忠斌，肖博华. 2016. “一带一路”省区文化旅游产业效率研究——基于 PCA-DEA 组合模型[J]. 广西师范学院学报（哲学社会科学版），37（2）：42-47，87.
刘军胜，马耀峰. 2014. 古都类旅游目的地国内游客认知评价实证研究——以西安市为例[J]. 地理与地理信息科学，30（6）：107-111.
刘绍坚. 2014. 文化产业：国际经验与中国路径[M]. 北京：中国社会科学出版社：4-5.
刘文佳. 2017. 哈尔滨市冰雪旅游文化品牌经营研究[J]. 冰雪运动，（2）：82-84.
龙耀强. 2008. 哈尔滨市冰雪旅游竞争力研究[D]. 成都：西南交通大学：4-7.
吕博，张博. 2017. 哈尔滨冰雪旅游产业发展现状完善策略[J]. 冰雪运动，（3）：89-91.
吕丽辉. 2015. 古镇旅游地形象对游客购后行为的影响研究——以南浔古镇为例[J]. 社会科学战线，（12）：63-67.
吕韫风. 2008. 黑龙江冰雪文化的哲学思考[J]. 黑龙江社会科学，（1）：127-129.
马凌，保继刚. 2012. 感知价值视角下的传统节庆旅游体验——以西双版纳傣族泼水节为例[J]. 地理研究，31（2）：269-278.
马鹏，宗瑞波，刘鸽. 2012. 基于旅游目的地形象感知的温泉旅游游客忠诚度影响实证研究——以辽宁省汤岗子温泉为例[J]. 企业经济，（6）：152-155.
马勇，周霄. 2003. WTO 与中国旅游产业发展新论[M]. 北京：科学出版社：10-12.

马魏成，吕燕飞，吴晓华. 2014. 冰雪民俗文化旅游资源开发与利用[C]. 体育文化遗产论文集.
孟凡伟，杜杰，刘蕾. 2017. 黑龙江省冰雪体育旅游现状及可持续发展研究[J]. 中国商论，(6)：54-55.
宁士敏. 2003. 中国旅游消费研究[M]. 北京：北京大学出版社：36-38.
彭翊. 2014. 中国省市文化产业发展指数报告[M]. 北京：中国人民大学出版社：47-55.
匹赞姆. 2005. 旅游消费者行为研究[M]. 大连：东北财经大学出版社：40-48.
齐先文. 2014. 安徽省休闲度假旅游地游客忠诚机制研究[J]. 华东经济管理，(7)：33-36.
任桐. 2012. 冰雪旅游目的地引力模式的理论与实证研究——以吉林市为例[D]. 长春：东北师范大学：32-34.
荣跃明. 2005. 文化产业：形态演变、产业基础和时代特征[J]. 社会科学，(9)：176-184.
石晶. 2015. 黑龙江省冰雪体育文化产业链的培育研究[J]. 当代体育科技，5 (11)：165-166.
史征. 2013. 文化产业园区发展研究——机理、评价、对策[M]. 杭州：浙江工商大学出版社：1-3，129-133.
司尚泰. 2013. 黑龙江省滑雪旅游产业的软环境分析[D]. 哈尔滨：哈尔滨体育学院：15-20.
宋瑞. 2019. 如何真正实现文化与旅游的融合发展[J]. 学术前沿，(6)：24-34.
孙宏伟. 2006. 论黑龙江省发展滑雪旅游[J]. 冰雪运动，(1)：82-83.
孙九霞，陈刚华. 2015. 旅游消费者行为学[M]. 大连：东北财经大学出版社：37-40.
孙丽波. 2011. 冰雪旅游产业对促进东北地区老工业基地经济振兴作用研究[D]. 长春：东北师范大学，28-29.
王斌. 2011. 景区形象与游客感知价值、满意和忠诚的关系的实证研究[J]. 旅游科学，25 (1)：61-71.
王诚民. 2013. 中国冰雪体育文化产业的创新发展研究[J]. 广州体育学院学报，33 (5)：56-58.
王恩旭. 2012. 区域旅游产业效率评价研究——以中国 31 个地区为例[C]. 2012 中国旅游科学年会论文集.
王丰秋，范爱玲. 2015. 互联网模式下冰雪体育旅游产业的管理与营销[J]. 冰雪运动，(1)：87-89，93.
王恒利，周文静. 2017. 基于期望理论对冰雪体育旅游消费行为的分析[J]. 河北第二师范学院学报，(8)：79-84.
王佳媛，赵维明，孙成业，等. 2017. 黑龙江省冰雪旅游产业竞争力提升的策略探讨[J]. 当代体育科技，7 (5)：167-168.
王建平. 2014. “走出去”战略对我国文化产业影响的实证研究[J]. 管理世界，(12)：178-179.
王凯宏. 2013. 中国北方冰雪文化产业生态化探究[J]. 学术交流，(7)：138-140.
王立国. 2010. 东北滑雪产业发展问题研究[D]. 长春：东北师范大学：13-17.
王丽伟，曾庆黎. 2006. 主成分分析在企业经济效益评价中的应用[J]. 北京联合大学学报，20 (3)：48-48.
王玲. 2007. 内蒙古冰雪旅游开发研究[D]. 上海：上海师范大学：36-39.
王明强. 2013. 冰雪体育旅游对吉林省经济发展影响的分析[J]. 中国科技博览，(22)：231-231.
王清海. 2006. 冰雪经济学[M]. 哈尔滨：哈尔滨出版社：5-38.
王清海. 2011. 冰雪文化学[M]. 哈尔滨：黑龙江人民出版社：199-240.
王豫东. 2011. 山西省滑雪旅游的发展现状调查与研究[D]. 太原：山西大学：42-47.

王仲智，王富喜. 2005. 增长极理论的困境与产业集群战略的重新审视[J]. 人文地理，(6)：34-37.
魏权龄. 2000. 数据包络分析（DEA）[J]. 科学通报，45（17）：1793-1808.
吴宝宏，翟明书. 2014. 黑龙江省冰雪体育旅游产业现状及发展[J]. 北方经贸，（4）：191-192.
吴必虎，党宁. 2004. 中国滑雪旅游市场需求研究[J]. 地域研究与开发，23（6）：78-82.
吴琼. 2009. 黑龙江省冰雪旅游文化产业空间结构与优化分析[D]. 大连：辽宁师范大学.
吴伟伟，张春艳，郝生宾. 2010. 冰雪旅游资源的价值构成与体系构建研究[J]. 技术经济与管理研究，（4）：152-156.
希拉里·迪克罗，鲍勃·麦克彻. 2017. 文化旅游：如何正确地开发与分享文化遗产[M].2 版.朱路平，译. 北京：商务印书馆：16-19.
向勇. 2015. 文化产业导论[M]. 北京：北京大学出版社：2-11.
向勇. 2016. 转型期我国文化产业发展模式研究[J]. 东岳论丛，（2）：66-70.
谢朝武，黄远水. 2002. 论旅游地形象策划的参与型组织模式[J]. 旅游学刊，17（2）：63-67.
谢莉. 2003. 南岳衡山雾凇冰雪旅游开发新探[J]. 国土与自然资源研究，（2）：70-71.
徐淑梅，吕建华，沈和江. 2008. 黑龙江省冰雪旅游开发战略 AHP 决策分析[J]. 人文地理，(1)：107-110.
徐晓琼. 2013. 冰雪体育旅游产品需求及影响因素的研究[D]. 上海：上海体育学院：12-15.
徐亿军，高建军. 2013. 哈尔滨城市冰雪旅游市场需求影响因素分析与预测[J].哈尔滨学院学报，（6）：37-39.
徐莹，刘英超，张雪松. 2012. 吉林省冰雪体育旅游竞争力提升的对策研究[J]. 旅游经济，（5）：158-159.
亚当·斯密. 2012. 国富论[M]. 张海峰，富强，译. 合肥：安徽人民出版社：30-40.
杨斌. 2013. 东北地区城市冰雪文化旅游竞争力评价[J]. 通化师范学院学报，34（2）：33-36.
杨春梅. 2016. 基于系统动力学的冰雪旅游业发展模式研究[D]. 阜新：辽宁工程技术大学：4-9.
杨春梅，赵宝福. 2014. 基于数据包络分析的中国冰雪旅游产业效率分析[J]. 干旱区资源与环境，（1）：169-173.
杨东明，李朝福，陈学海. 2014. 黑龙江省冰雪体育旅游资源可持续发展研究[J]. 当代体育科技，(9)：162-163.
杨建明，万春燕. 2010. 全球气候变化对冬季滑雪旅游的影响[J]. 气候变化研究进展，（5）：357-360.
杨晶晶. 2010. 滑雪旅游促进县域经济发展的实证研究——以崇礼县为例[D]. 西安：西安体育学院：15-18.
杨妮，高军，路春燕，等. 2015. 基于 SEM 的城市旅游形象与游客行为意愿关系研究——以西安市为例[J]. 干旱区资源与环境，29（2）：190-195.
杨中艺. 2012. 再生资源产业研究：产业生态学的视角[M]. 北京：科学出版社：76-81.
姚小林. 2015. 我国冰雪体育文化产业链的发展现状研究[J]. 哈尔滨体育学院学报，33（3）：41-46.
尹媛媛. 2017. 黑龙江省冰雪旅游产业发展的政策研究[D]. 哈尔滨：哈尔滨商业大学：46.
于立强，白雪，杨斌. 2016. 创建吉林省冰雪旅游文化品牌研究[J]. 体育文化导刊，(9)：120-122.
鱼文英，李京勋. 2010. 航空服务质量和消费情感对顾客满意度的影响研究[J]. 旅游学刊，25（10）：49-56.

占绍文，辛武超. 2013. 文化产业园区的界定与评价指标体系研究[J]. 天府新论，（1）：125-130.
张成刚，姜春平，李延亭，等. 2010. 黑龙江省滑雪旅游产业集聚区建设探究[J]. 哈尔滨体育学院学报，28（6）：18-21.
张春艳，胡运权，杜梅. 2008. 旅游资源开发评价中冰雪旅游文化的塑造[J]. 管理世界，（4）：173-174.
张德成. 1998. 黑龙江滑雪旅游的现状及发展态势[J]. 旅游学刊，（5）：48-50.
张红梅，梁昌勇，徐健，等. 2016. 特色旅游目的地形象对游客行为意愿的影响机制研究——以贺兰山东麓葡萄产业旅游为例[J]. 中国软科学，（8）：50-61.
张丽梅. 2013. 旅游文化产业视域下冰雪旅游与文化的融合研究[J]. 学术交流，（10）：106-109.
张娜. 2012. 东北地区冰雪旅游经济效应及调控研究[D]. 长春：东北师范大学：22-26.
张娜，佟连军. 2012. 基于 SARIMA 模型的黑龙江省冰雪旅游国际需求预测[J]. 资源开发与市场，28（7）：660-663.
张萍，王诚民，倪莎莎. 2013. 黑龙江省冰雪体育文化的产生及其发展研究[J]. 齐齐哈尔大学学报（哲学社会科学版），（6）：53-55.
张瑞林，李凌. 2017. 冰雪体育旅游消费者行为与体验模式的影响[J]. 天津体育学院学报，32（2）：93-98.
张欣，牟维珍. 2013. 冰雪旅游产业与文化产业融合发展探究[J]. 边疆经济与文化，（5）：10-12.
张晓光. 2008. 我国东北民族民俗中的冰雪文化[J]. 黑河学刊，（3）：39-42.
张新华. 2010. 黑龙江省冰雪体育运动产业的现状及发展对策[J]. 边疆经济与文化，（10）：3-5.
张艳. 2013. 黑龙江省冰雪文化产业开发策略研究[J]. 吉林市教育学院学报 ，（2）：141-142.
张永安，苏黎. 2004. 广东冰雪旅游市场的开发研究[J]. 江苏商论，（12）：128-129.
张志哲. 2016. 黑龙江省冰雪体育旅游产业发展的影响因素及对策[J]. 哈尔滨体育学院学报，34（2）：55-59.
郑永梅. 2011. 关于哈尔滨冰雪文化空间结构体系研究[J]. 价值工程，（3）：230.
钟晟. 2015. 旅游产业与文化产业融合发展研究——以武当山为例[M]. 北京：中国社会科学出版社：102-104.
中投顾问. 2018. 2021-2025 年中国文化旅游业投资分析及前景预测报告[R]. http://www.ocn.com.cn/reports/ 2009998wenhualvyou.shtml?origin=baidu_sosuo&bd_vid=9344268379154363903.
钟学志. 2012. 《冰雪文化学》：冰雪文化事业繁荣发展的理论结晶[J]. 学术交流，（5）：1.
朱凌. 2015. 新疆冰雪旅游与冰雪文化相融理论与对策研究[D]. 长春：吉林体育学院：50-53.
朱信凯，骆晨. 2011. 消费函数的理论逻辑与中国化：一个文献综述[J]. 经济研究，（1）：140-153.
Amo L，López P，Martín J. 2007. Habitat deterioration affects body condition of lizards：a behavioral approach with *Iberolacerta cyreni* lizards inhabiting ski resorts[J]. Biological Conservation，135（1）：77-85，125.
Balbi S，Giupponi C，Perez P，et al. 2013. Spatial agent-based model for assessing strategies of adaptation to climate and tourism demand changes in an alpine tourism destination[J]. Environmental Modelling & Software，（45）：29-51.
Bank M，Wiesner R. 2011. Determinants of weather derivatives usage in the Austrian winter tourism industry[J]. Tourism Management，32（1）：62-68.
Burakowski E，Magnusson M. 2012. Climate impacts on the winter tourism economy in the United

State[R]. Natural Resources Defense Council：30-42.
Caprio E，Chamberlain D E，Isaia M，et al. 2011. Landscape changes caused by high altitude ski-pistes affect bird species richness and distribution in the Alps[J]. Biological Conservation，144（12）：2958-2967.
Castro C B，Armario E M，Ruiz D M. 2007. The influence of market heterogeneity on the relationship between a destination's image and tourists' future behaviour[J]. Tourism Management，28（1）：175-187.
Chen C F，Chen F S. 2010. Experience quality，perceived value，satisfaction and behavioral intentions for heritage tourists[J]. Tourism Management，31（1）：29-35.
Chew E Y T，Jahari S A. 2014. Destination image as a mediator between perceived risks and revisit intention：a case of post-disaster Japan[J]. Tourism Management，40（2）：382-393.
Chon K S. 1990. The role of destination image in tourism：a review and discussion[J]. The Tourist Review，45（2）：2-9.
Crompton J L. 1979. An assessment of the image of Mexico as a vacation destination and the influence of geographical location upon that image[J]. Journal of Travel Research，17（4）：18-23.
Cronin J J Jr，Taylor S A. 1992. Measuring service quality—a reexamination and extension[J]. The Journal of Marketing，56（3）：55-68.
Cronin J J，Brady M K，Hult G T M. 2000. Assessing the effects of quality，value，and customer satisfaction on consumer behavioral intentions in service environments[J]. Journal of Retailing，76（2）：193-218.
Dawson J，Scott D. 2013. Managing for climate change in the alpine ski sector[J]. Tourism Management，35：244-254.
Dubin. M. 2003. A focal point for culture in the future[R]. http://www. unesco. org/culture/industries.
Echtner C M，Ritchie J R B. 2003. The meaning and measurement of destination image[J]. The Journal of Tourism Studies，14（1）：2-12.
Embacher J，Buttle F. 1989. A repertory grid analysis of Austria's image as a summer vacation destination[J]. Journal of Travel Research，27（3）：3-7.
Etzel C R，Parent M. 1978. Advertising strategy in tourism：a case study in the ski industry[J]. Annals of Tourism Research，5（1）：179.
Etzkowitz H，Leydesdorff L. 1995. The triple helix of university-industry-government relations：a laboratory for knowledge-based economic development [J]. EASST Review，（1）：14-19.
Fakeye P C，Crompton J L. 1991. Image differences between prospective，first-time，and repeat visitors to the lower Rio Grande Valley[J]. Journal of Travel Research，30（2）：10-16.
Falk M. 2008. A hedonic price model for ski lift tickets[J]. Tourism Management，29（6）：1172-1184.
Falk M. 2010. A dynamic panel data analysis of snow depth and winter tourism[J]. Tourism Management，31（6）：912-924.
Federolf P，Strangwood M. 2013. Special issue on winter sports[J]. Sports Enginering，16：195-196.
Flagestad A，Hope C A. 2001. Strategic success in winter sports destinations：a sustainable value creation perspective[J]. Tourism Management，22（5）：445-461.
Gartner W C. 1993. Image formation process[J]. Journal of Travel & Tourism Marketing，2（3）：191-216.

Gilbert D，Hudson S. 2000. Tourism demand constraints：a skiing participation [J]. Annals of Tourism Research，27（4）：906-925.

Gonseth C. 2013. Impact of snow variability on the Swiss winter tourism sector：implications in an era of climate change[J]. Climatic Change，119（2）：307-320.

Guagnano G A, Stern P C, Dietz T. 1995. Influences on attitude-behavior relationships a natural experiment with curbside recycling[J]. Environment and Behavior , 27(5):699-718.

Gunn C A. 1988. Vacationscape：Desiging Tourist Region[M]. Austin：Austin University of Texas：32-40.

Hallmann K，Muller S，Feiler S，et al. 2012. Suppliers' perception of destination competitiveness in a winter sport resort[J]. Tourism Review，67（2）：13-21.

Hilgard E R. 1980. The trilogy of mind：cognition，affection，and conation[J]. Journal of the History of the Behavioral Sciences，16（2）：107-117.

Hopkins D. 2014. The sustainability of climate change adaptation strategies in New Zealand's ski industry：a range of stakeholder perceptions[J]. Journal of Sustainability Tourism，22（1），22：107-126.

Ilban M O，Kaşli M，Bezirgan M. 2015. Effects of destination image and total perceived value on tourists' behavioral intentions：an investigation of domestic festival tourists[J]. Tourism Analysis，20（5）：499-510.

Jamieson W. 1994. The challenge of cultural tourism[J]. Canadian Tourism Bulletin，3（3）：3-4.

Jones T O，Sasser W E. 1995. Why satisfied customers defect[J]. Harvard Business Review，（10）：88-99.

Kim S H，Holland S，Han H S. 2013. A structural model for examining how destination image，perceived value，and service quality affect destination loyalty：a case study of Orlando[J]. International Journal of Tourism Research，15（4）：313-328.

Kuo Y F，Wu C M，Deng W J. 2009. The relationships among service quality，perceived value，customer satisfaction，and post-purchase intention in mobile value-added services[J]. Computers in Human Behavior，25（4）：887-896.

Landauer M，Haider W，Pröbstl-Haider U. 2013. The influence of culture on climate change adaptation strategies：preferences of cross-country skiers in Austria and Finland[J]. Journal of Travel Research，（3）：96-109.

Lasanta T，Laguna M，Vicente-Serrano S M. 2007. Do tourism-based ski resorts contribute to the homogeneous development of the Mediterranean mountains? A case study in the Central Spanish Pyrenees[J]. Tourism Management，28（5）：1326-1339.

Leydesdorff L. 2007. The scientometrics of a Triple Helix of university-industry-government relations（Introduction to the topical issue）[J]. Scientometrics，70（2）：207-222.

Leydesdorff L，Meyer M. 2006. Triple helix indicators of knowledge-based innovation systems[J]. Research Policy，35（10）：1441-1449.

Lundequist P，Power D. 2002. Putting porter into practice? Practices of regional cluster building：evidence from Sweden[J]. European Planning Studies，10（6）：685-704.

Mackinnon D P，Warsi G，Dwyer J H. 1995. A simulation study of mediated effect measures[J]. Multivariate Behavioral Research，30（1）：41-62.

Markwell K，Basche C. 1998. Using personal diaries to collect data[J]. Annals of Tourism Research，25（1）：228-231.

Neal W D. 1999. Satisfaction is nice，but value drives loyalty[J]. Marketing Research，11：20-23.

Needham M D，Rollins R B. 2005. Interest group standards for recreation and tourism impacts at ski areas in the summer[J]. Tourism Management，26（1）：1-13.

Peddle M T. 1993. Planned industrial and commercial developments in the United States：a review of the history，literature and empirical evidence regarding industrial parks[J]. Economic Development Quarterly，（1）：107-124.

Pine J B，Gilmore J H. 1999. The Experience Economy：Work is Theater & Every Business a Stage[M]. Brighton：Harvard Business School Press：21-32.

Raymond W. 1981. Culture[M]. London：Fontana：11-13.

Richards G. 1996. Skilled consumption and UK ski holidays[J]. Tourism Management，17（1）：25-34.

Rodriguez S. 1987. Impact of the ski industry on the Rio Hondo watershed[J]. Annals of Tourism Research，14（1）：88-103.

Rutty M，Scott D，Steiger R，et al. 2014. Weather risk management at the Olympic Winter Games[J]. Current Issues in Tourism，（2）：1-13.

Sainaghi R. 2008. Strategic positioning and performance of winter destinations [J]. Tourism Review，63（4）：40-57.

Sarstedt M，Ringle C M，Hair J F. 2014. PLS-SEM：looking back and moving forward[J]. Long Range Planning，47（3）：132-137.

Scott D，Steiger R，Rutty M，et al. 2014. The future of the Olympic Winter Games in an era of climate change[J]. Current Issues in Tourism，（2）：15-16.

Silberman J A，Rees P W. 2010. Reinventing mountain settlements：a GIS model for identifying possible ski towns in the U. S. Rocky Mountains[J]. Applied Geography，30（1）：36-49.

Trauer B. 2010. Conceptualizing special interest tourism-frameworks for analysis[J]. Tourism Management，27（2）：183-200.

Ulaga W，Chacour S. 2001. Measuring customer-perceived value in business markets：a prerequisite for marketing strategy development and implementation[J]. Industrial Marketing Management，30（6）：525-540.

Vanat L. 2015. 2015 International Report on Snow & Mountain Tourism：Overview of the Key Industry Figures for Ski Resorts[R]. https://www.vanat.ch/international-report-on-snow-mountain-tourism.shtml.

Watson A，Moss R. 2004. Impacts of ski-development on ptarmigan (*Lagopus mutus*) at Cairn Gorm，Scotland[J]. Biological Conservation，116（2）：267-275.

Weaver P A，Weber K，McCleary K W. 2007. Destination evaluation：the role of previous travel experience and trip characteristics[J]. Journal of Travel Research，45（3）：333-344.

Wikler P G. 1988. Oregon ski economics：1984—1985 season [J]. Annals of Tourism Research，15（2）：302.

Williams P，Fidgeon P R. 2000. Addressing participation constraint：a case study of potential skiers[J]. Tourism Management，21（4）：379-393.

Woodside A G，Lysonski S. 1989. A general model of traveler destination choice[J]. Journal of Travel Research，（16）：8-14.

Yang J，Yang R，Sun J，et al. 2017. The spatial differentiation of the suitability of ice-snow tourist destinations based on a comprehensive evaluation model in China[J]. Sustainability，9（5）：1-13.

Yang Z，Peterson R T. 2004. Customer perceived value，satisfaction，and loyalty：the role of switching costs[J]. Psychology & Marketing，21（10）：799-822.

Zeithaml V A. 1988. Consumer perceptions of price, quality and value: a means-end model and synthesis of evidence[J]. Journal of marketing, 52: 2-22.

Zemla M. 2008. Failures in building partnership for success in the competitive market：the case of polish ski resorts[J]. Managing Global Transitions，6（4）：421-444.